高等师范学校心理育人研究

GAODENG SHIFAN XUEXIAO XINLI YUREN YANJIU

周芝萍◎著

湘潭大学出版社
XIANGTAN UNIVERSITY PRESS

前言

党的十八大以来，“十大育人”成为高校思想政治教育的热点话题。2017年12月，教育部把“心理育人”列入高校思想政治教育的十大育人体系，心理育人在高校思想政治教育中的重要地位日益凸显。2020年10月，中国共产党第十九届中央委员会第五次全体会议把“社会文明程度得到新提高，社会主义核心价值观深入人心，中华民族的家国情怀更加深厚、凝聚力进一步增强，人民思想道德素质、科学文化素质和身心健康素质明显提高”列入“十四五”时期经济社会发展的目标，身心健康素质成为影响社会经济发展的重要因素。基于新时代的新使命、新要求和新旨归，深入挖掘高校心理育人的本质内涵和育人价值，从心理育人视角解答高校“培养什么样的人”以及“如何培养人”这些根本性问题，是新时代构建中国特色高校心理育人体系亟须重视的新课题。

高等师范学校作为培养未来教育者的摇篮，肩负着培养全面发展、心理健康的教育人才的重任。心理育人作为教育的一项重要任务，其目的在于通过科学的方法和手段，促进学生的心理健康发展，为学生未来的教育生涯奠定坚实的基础。在当前新形势下，心理育人已成为提升思想政治教育质量的关键，对于大学生的全面发展至关重要。党的二十大报告在推进健康中国建设的任务中强调，要重视心理健康和精神卫生，这为新时代做好高校心理育人工作提出了明确要求。强调“心育”与“德育”的有机融合，探索新时代高校“培养什么样的人”以及“如何培养人”的核心问题，为高等师范学校深化立德树人提供了必要的心理基础。

本书基于大量心理育人的相关文献，梳理了心理育人的概念内涵、本质特征及基础理论。在实践层面上，通过问卷调查与个案访谈，全面了解目前高校心理育人工作的现实情况，在此基础上，分析探讨高校心理育人取得的成绩及面临的问题。研究发现，当前高校心理育人工作整体发展态势良好，大多数高校已建立起包括课程教学、实践活动、咨询服务和危机预防干预在内的“四位一体”心理育人工作体系。然而，在心理育人相关课程建设、心理育人载体平台创新以及心理育人教育主体间协作等方面仍存在一定问题，影响了心理育人作用的充分发挥。

高等师范学校培养乐教、懂教、善教的师范生，可在日常的教育和管理中融入心理学内容，遵循生命教育引路、体育运动赋能、四习贯通提质，提升师范生的心理品质，未来以健全的人格投身于教育事业，为社会发展作出贡献。

本书探索高等师范学校心理育人的实践路径，以立德树人为根本宗旨，强调协同创新、以人为本，实现“三全育人”的理念要求。通过打造立体温润的心理育人课程体系，创新整合心理育人各层次的实践载体，构建联动互通的心理育人家校联盟，以多角度立体化方式提升心理育人实效，为高等师范学校思想政治教育的科学化发展提供了新的视角和思路。

本书总结了湖南省高校思想政治工作精品项目“基于生命视角的高等师范学校心理育人模式探索与实践”（湘教工委通〔2023〕20号，文件批复编号：23JP071）、湖南省高校思想政治工作研究工作项目“体育运动赋能大学生心理健康素养的机制研究”（湘教工委通〔2022〕20号，文件批复编号：22F59）的主要研究成果。在此谨向株洲师范高等专科学校心理发展指导中心、科研处表示衷心的感谢！书末著录了学习借鉴过的部分心理健康教育参考文献，在此一并向文献作者致谢！

由于作者水平有限、经验不足、探索不全、思考不深，书中难免有瑕疵纰漏，诚望赐教。

作者　周芝萍

2024年5月

目 录

第一章 高等师范学校心理育人概述

心理育人是我国高校思想政治教育和心理健康教育科学融合的新理念，是高校思想政治工作和人才培养体系的重要组成部分，教育部颁布的《高校思想政治工作质量提升工程实施纲要》中明确提出，要大力促进心理育人。心理育人是一项系统工程，需要教育者、学生、家长和社会等多方面的共同努力。

第一节 心理育人的科学内涵

一、心理育人的相关概念

(一)心理育人的概念

心理育人是指通过心理教育的方式来实现育人。在心理育人的过程中，教师先了解学生身心现状与特点，然后根据学生各阶段心理发展的变化规律，采用丰富多彩的教育方式与手段实施心理健康教育。

心理育人是现代教育体系中的重要组成部分，“心理”与“育人”是两个内容，体现不同关系。“心理”指育人的内容、理念、态度、氛围等，而“育人”则是以“心理”内涵为依托的手段、途径、方法及目标的达成。育人是目标、是目的、是根本，也是出发点和归宿点。理解心理育人需把握其实质。育人的核心是“培养什么样的人”。党的十九大报告提出要“培养担当民族复兴大任的时代新人”，这是学校教育的育人目标，也是思想政治教育的目标，更是心理健康教育的目标。

1. 心理育人的心理要素

在心理育人中，“心理”不仅指育人的内容、理念、态度、氛围等，还涉及学生的心理特征、认知过程、情绪状态、行为表现等多个方面。这要求教育者在教育实践中，充分了解和关注学生的心理状态，以便有针对性地制定教育策略和方法。例如，教育者可以通过开展心理测评、建立心理健康档案等方式，了解学生的心理需求和问题，进而提供个性化的心理支持和辅导。

2. 心理育人的育人要素

在心理育人中，“育人”是以心理内涵为依托的手段、途径、方法及目标的达成。它要求教育者将心理健康教育融入学校教育的各个环节中，通过课堂教学、实践活动等多种形式，全面提高学生的心理素质和综合能力。心理育人旨在培养具备健全人格、良好品德、创新精神和实践能力的新时代人才，为国家的繁荣富强和民族的伟大复兴提供有力的人才保障。

（二）高等师范学校心理育人的概念

高等师范学校心理育人是一个体系概念，是立足于我国国情与高等师范学校实际的教育，旨在通过深度融合“育心”“育德”“育人”，运用心理学方法理论对大学生进行人文关怀与心理疏导，帮助大学生解决心理困惑，塑造良好心理品质，实现人格健全发展，形成理性平和、自尊自信、积极向上健康心态，成为时代新人。

1. 加强心理育人师资队伍建设

心理育人的实施需要一批具备专业知识和技能的教育工作者，他们不仅要有深厚的心理学理论基础，还需要具备丰富的实践经验，能够准确识别学生的心理问题，并提供有效的干预措施。因此，加强师资培训，提高教育者的专业素养，是高等师范学校心理育人工作得以顺利开展的关键。

2. 扩大心理育人服务对象范围

高等师范学校心理育人服务正从特定问题向一般性需求转变，旨在为更多学生提供心理支持。扩大的服务对象范围包括但不限于面临学业压力、人际关系挑战、未来职业规划困惑的学生,以及在适应大学生活、提高自我认知、培养健全人格等方面有需要的学生。学校通过心理育人服务,力求让每一位学生都能得到必要的心理健康关怀和指导,以促进其全面发展和心理健康。

3.采取“滴灌式”引导与教育

高等师范学校在实施心理育人的过程中,采取了一种别具一格的教育方法——“滴灌式”教育。这种方法犹如园丁细心浇灌花朵,注重对学生的心理需求进行精准识别,并根据个体差异进行有针对性的培育。“滴灌式”教育强调因材施教,关注学生的心理特点和需求,挖掘学生的潜能。高等师范学校通过全面心理测评了解学生状况,制定个性化教育方案。通过一对一辅导、小组讨论、主题讲座等形式,强调学生的主动参与和体验。教师引导学生参与心理实践活动,如心理沙龙、角色扮演等,提高学生的心理素质,提升学生的沟通能力。学生得到充分的关注和引导,认识自我,发掘潜能,为实现人生目标奠定基础。学校提供专业化、个性化的心理服务,助力学生成为新时代优秀教师。

4.完善心理育人课程体系

心理育人应贯穿于学校教育的各个阶段和各个学科,形成一个完整的课程体系。除了专门的心理健康教育课程外,还应在其他学科中渗透心理健康教育的内容,使学生在学习知识的同时,提升心理素质和综合能力。同时,学校还应根据学生的年龄特点和心理需求,设计不同层次的心理健康教育活动,确保教育的针对性和实效性。

5.加强家校合作,优化社会环境

家庭是孩子成长的重要环境,家长的态度和行为对孩子的心理发展有着深远的影响。因此,应加强家校合作,引导家长关注孩子的心理健康,提供必要的支持和帮助。通过举办家长学校、开展家庭教育指导等方式,提高家长的教育水平,形成学校教育和家庭教育的合力。社会环境对孩子的心理健康同样有着重要影响,需要营造一个积极向上、和谐稳定的社会环境,同时,还应加强社会舆论的引导,弘扬正能量,减少负面信息对孩子的心理冲击。

心理育人是一项长期而艰巨的任务,需要从多个方面入手,形成合力。通过加强师资队伍建设、完善课程体系、加强家校合作以及优化社会环境等措施,可以为孩子的成长提供更加全面、有效的心理支持,培养出健康心理和全面发展的新时代人才。同时,也不能忽视心理育人中的个体差异。每个学生都是独一无二的个体,他们的心理需求、成长环境和潜力各不相同。因此,在心理育人的过程中,要充分尊重和关注每个学生的个体差异性,因材施教,提供个性化的心理支持和教育方案。可借助现代科技手段,如大数据分析、人工智能等,对学生的心理状态、学习表现、兴趣爱好等进行全面而深入的剖析,以便更好地了解每个学生的特点和需求。在此基础上,可以制定更加精准的教育计划,为每个学生提供量身定制的心理支持和教育服务。

(三)心理育人与相关概念辨析

1.心理育人与思想政治教育

心理育人和思想政治教育都是提高学生素质的重要途径,是素质教育的重要组成部分。心理育人与思想政治教育既有联系,又有区别。心理育人运用心理学知识与方法,帮助学生达到心理状态平衡、提高心理素质;而思想政治教育则以马列主义、毛泽东思想为指导,帮助学生树立正确的世界观、人生观和价值观。两者需要结合,思想政治教育需要以心理育人为基础,心理育人需要以思想政治教育为导向。心理育人与思想政治教育相互补充、辩证统一,紧密关联。

2.思想政治教育与心理健康教育

《中国普通高等学校德育大纲》提出,心理健康教育是高校德育的一部分。德育大纲将思想政治教育与心理健康教育定位为主辅关系,即思想政治教育为主，心理健康教育为辅。只有两者共同作用，才能完成育人目标。加强大学生心理健康教育是改进思想政治教育的迫切要求。二者需有机结合，形成相辅相成、良性互动的关系，以产生最大共生能量和效果。提高学生的心理健康水平，有助于思想政治教育的落实；学生树立正确的思想政治价值观，又可促进心理健康教育的深入。

3.心理健康教育、心理疏导、心理辅导、心理咨询与心理治疗

1983年，学者林崇德提出“心理卫生”概念，倡导学校心理健康教育。学界对心理健康教育的内涵有多种解读，目前被广泛接受的是陈家麟的定义，即通过有目的、有计划地培养学生的良好心理素质和开发学生的心理潜能，促进学生身心和谐发展和素质全面提高的教育活动。此外，叶一舵和苏振芳分别从不同角度阐述了心理健康教育的内涵。尽管定义略有差异，但学者们普遍认为心理健康教育是一种旨在关注学生心理成长和发展的教育活动。

心理疏导是思想政治工作领域的重要概念，被广泛应用于解决人们的心理问题。有学者认为，心理疏导是一种具有现实影响力的本土化的思想政治教育模式，是对新形势下思想政治工作方法的拓展。其含义是通过解释、说明、共情、支持和相互理解，运用语言和非语言沟通方式，影响对方的心理状态，改善或改变人们的认知、信念、情感、态度和行为等，降低或解除不良心理状态和思想困惑。心理疏导在不同学科领域有不同的定义。在医学领域，心理疏导是指专门训练的人员运用心理治疗技术与方法，对有心理疾病和精神障碍的人员开展的疏导、引导和治疗。

心理辅导起源于西方的学校教育，是心理学、社会学、教育学和医学等多学科与学校教育实践相结合的产物。20世纪80年代中后期，心理辅导被引入我国学校教育领域。心理辅导是指在平等、积极关注和无条件接纳的氛围中，心理辅导教师根据来访者的心理和行为困扰，运用心理学知识和原理，提供必要的指导与服务，帮助来访者解决困扰。心理辅导具有教育色彩，关注学生内在需求、感受和体验，影响学生的心理生活和人格，促进学生成长和人格发展。心理辅导是学校的一种教育活动，在我国学校教育中有广泛应用。

心理咨询是指咨询师协助来访者解决心理问题的过程，其概念有广义和狭义之分。广义心理咨询的范围比较广，包含心理咨询、心理治疗、心理评估与诊断、心理测验等临床干预的各种手段和方法。狭义心理咨询是咨询师运用一定的心理学原理和方法，利用面谈、书信或电话等手段向来访者提供心理援助的过程。心理咨询建立在相互尊重和平等交流的基础之上。心理咨询主要是针对正常的群体，在学校以及相关的咨询机构开展咨询。心理咨询是学校心理健康教育的途径之一。英国约翰·麦克劳德指出，心理咨询是一种关注人的需要和目标的帮助方式，对心理咨询的定义是多种多样的，每一种定义都强调心理咨询角色和过程的不同方面。

心理治疗是由经过专业训练的治疗师进行的，旨在帮助来访者消除或缓解心理问题与障碍，促进其人格健康发展。心理治疗主要针对心理功能受损的心理异常人群，协助他们做出心理行为改变，恢复或重建受损的心理功能。心理治疗通常由具有相应资质的医生在专业医院完成。

心理育人与心理健康教育、心理疏导、心理辅导、心理咨询、心理治疗的关系如图1-1所示。它们既有联系，也有区别。它们都涉及心理层面，运用心理学原理和方法，解答学生的心理困惑，促进学生的心理成长。区别在于：心理健康教育面向全体学生，普及心理健康知识，而其他概念则针对特定学生群体。心理辅导和心理咨询较为接近，都是帮助学生解决心理困惑，但心理辅导的范围更广。心理咨询由专业心理咨询师承担，而心理治疗则由临床心理学工作者和精神科医师承担。心理疏导在不同学科领域有不同定义，在思想政治领域侧重于疏通和引导，在医学领域则带有治疗性质。心理育人是新时代“大思政”格局下的育人理念和方法，内涵丰富，包括心理健康教育、心理疏导、心理辅导、心理咨询、心理治疗等，不仅关注个体心理健康，还涉及思想道德和价值观，最终达到育人的目的。

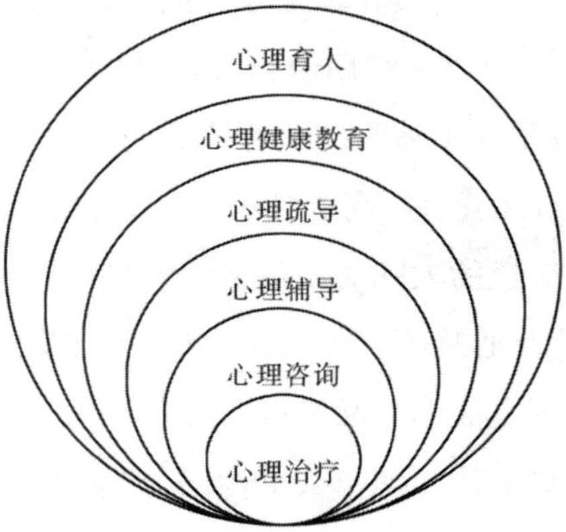

图1-1 六个概念之间的关系图

二、心理育人的理论基础

高等师范学校心理育人基于马克思主义关于人的全面发展学说，遵循党的教育方针，以全国高校思想政治工作会议精神为指导。其宗旨是提升高等师范学校心理育人人才培养质量，体现“以学生为中心”，促进学生全面发展。目标是以“立德树人”为育人标准，运用心理育人手段促进学生的身心健康。

（一）马克思主义相关理论

1.马克思主义关于人的全面发展学说

马克思主义人学理论是关于“人”的系统研究，它聚焦于人的生存发展，以人的本质、需要、全面发展等为内容。该理论奠定了高等师范学校心理育人深厚的人学理论根基。马克思主义关于人的本质论是其重要内容，强调以“现实的人”为基础，人的心理、思想、观念、意识与社会生活密切相关。心理育人所育之人具有社会属性，需深入服务对象的社会关系中理解其特点。马克思主义关于人的需要论为心理育人提供了动力支撑，物质需要是动力来源，同时也要注重精神需要。高等师范学校的大学生是我国未来教育事业的支柱，他们肩负着培养新一代人才的重任。在这样的背景下，高等师范学校大学生的综合素质和教育教学能力显得尤为重要,应实施有针对性的心理育人手段,促使他们用健康、理性的心态完成自我认可和职业规划。心理育人应以帮助个体收获美好体验、获得精神享受为价值取向。健康的身心是实施教育的前提,高等师范学校大学生应具有健康的心理环境、良好的意志品质、舒适的人际关系和科学的自我调控能力。马克思主义关于人的全面发展论是心理育人的最终目标,旨在促进个人在需要、素质、劳动能力、社会关系等方面的全面发展。心理育人是实现个人全面发展的路径选择,促进服务对象认知、情感、个性、心理素质协调发展,为最终实现全面发展夯实基础。

2. 马克思主义交往理论

马克思主义交往理论是马克思唯物史观的核心,它强调人的生产实践和交往实践在社会发展和人的全面发展中的决定性作用。人的存在是多重交织的,与自然和他人有复杂的相互作用。交往是人类与外部自然进行物质交换的必然活动,体现了人的社会性和历史性。随着生产力进步,个体需在广泛的社会交往中形成全面丰富的社会关系,以实现全面发展。马克思主义交往理论在我国高等师范学校心理育人工作中得到广泛应用,将心理育人工作与交往实践结合,尊重学生主体地位,强调合理运用内外部育人力量,通过各种交往实践培养学生的心理品质和能力。马克思主义交往理论以人民至上、全面发展和实践第一为特点,为我国高等师范学校心理育人工作提供了有力的理论和实践指导。在新时代教育改革中,马克思主义交往理论将推动我国高等教育全面发展,为培养社会主义建设者和接班人作出更大贡献。

(二)心理科学的相关理论

心理科学高度重视心理健康对个体的影响。在众多的人格发展理论中,马斯洛和罗杰斯的理论尤为突出,他们强调自我实现和人性本质的重要性。在他们看来,个体在心理健康的基础上才能追求自我实现,充分展现人性的光辉。在我国,针对高校心理育人的研究已取得很多理论与实践成果。心理健康教育、心理咨询、心理危机预防与干预等领域的研究不断深入,为心理育人提供了有力的理论支持。

1.社会学理论

人是社会人,适应社会才能成为健全的人。大学生处于从青年到成年的阶段,身份和环境都发生了改变,需要适应社会变革,跟上社会发展步伐。心理健康教育的目标、内容和方法受到社会发展理论的间接规定,而心理健康教育的实施又影响社会发展理论。社会发展理论和心理健康教育相辅相成,互相促进。社会背景对大学生心理成长和健康发展有潜移默化的影响,应在社会学理论的指导下对高等师范学校学生实施有针对性的心理育人方法,提升心理育人的质量。

2.系统论

系统论是由贝塔朗菲创立的,他将系统定义为处于一定相互关系中的与环境发生关系的各组成成分的总体。系统存在于所有事物中,无论自然、人类社会、物质还是精神,都是有机统一的整体。每个子系统由不同要素构成,要素在系统中都有特定位置和不可替代的作用。系统要素必须相互影响、相互作用,才能使整个系统正常运转。心理育人是一个复杂的系统工程,需要以系统理论和方法为指导。心理育人主体在系统中起到重要作用,脱离整体则失去作用。大学是心理教育的关键时期,有助于大学生提高心理健康水平、加强自我情绪调节能力。

(三)习近平总书记有关心理健康的重要论述

心理健康问题不仅关系到个体身心发展,而且关系到经济社会发展。习近平总书记强调,要加大心理健康问题基础性研究,做好心理健康知识和心理疾病科普工作,规范发展心理治疗、心理咨询等心理健康服务。培育自尊自信、理性平和、积极向上的社会心态是国家社会治理的重要任务。近年来,习近平总书记特别强调将人民健康放在优先战略地位,加强心理疏导和干预。

三、心理育人的基本原则

心理育人的基本原则是指导心理健康教育与辅导工作的重要准则，体现了心理健康教育的科学性、专业性和有效性。作为现代教育体系中的重要组成部分，心理育人旨在通过科学的方法和手段，促进学生心理的健康发展，培养学生积极向上的心态和健全的人格。在心理育人的实践中，需要遵循一系列基本原则，以确保工作的有效性和针对性。

（一）尊重与理解原则

尊重与理解是心理育人的基石。每个学生都是独一无二的个体，拥有不同的成长背景、性格特点和心理需求。心理育人工作者应充分尊重学生的人格尊严和个体差异，以平等、友好的态度与他们交流，倾听他们的心声，理解他们的感受。始终注意培养学生积极进取的精神，帮助学生树立正确的人生观、价值观和世界观。引导学生形成积极向上的心态，促进学生全面发展。在尊重与理解的基础上，才能建立起良好的师生关系，为育人工作奠定坚实的基础。

（二）因材施教与全面发展原则

因材施教是心理育人的重要原则之一。由于每个学生的心理特点和需求不同，心理育人工作者需要根据学生的实际情况，制定个性化的育人方案。这就要求工作者具备扎实的专业知识和敏锐的洞察力，能够准确判断学生的心理状态，提供有针对性的指导和帮助。心理育人应着眼于学生的全面发展，包括学生的认知、情感、意志和行为等多个方面。心理育人工作者需要关注学生在不同发展阶段的心理需求，通过丰富多彩的活动和课程，促进学生心理品质的全面提升。同时，还要注重培养学生的创新精神和实践能力，帮助他们更好地适应未来社会的挑战。

（三）积极关注与预防为主原则

心理育人工作者应始终关注学生的积极面，鼓励他们发挥自身的优势和潜能,充分发挥学生的主动性,鼓励学生积极参与各种心理健康教育活动,通过自我探索、自我反思等方式,提升学生的自我认知和自我调节能力。同时,还要帮助学生树立自信,培养他们的自我认同感和自我价值感。通过积极关注的方式,可以激发学生的学习动力,促进他们的自我成长和发展。心理育人工作应以预防为主,通过科学的评估和干预手段,及时发现和解决学生在成长过程中可能出现的心理问题。预防工作包括但不限于心理健康教育、心理咨询和心理辅导等。通过这些措施,可以帮助学生建立正确的心理认知,提高学生的自我调节能力,减少心理问题的发生。

(四)持续性与系统性原则

心理育人工作需要家庭、学校和社会等多方面的共同参与和支持。家校合作是心理育人的重要途径之一。心理育人工作者应与家长保持密切沟通,了解学生在家庭环境中的表现和需求,共同制定育人计划。同时,还要积极争取社会资源的支持,为学生提供更广阔的成长空间和更丰富的心理教育资源。心理育人是一项长期而系统的工程,需要持续关注和系统推进。心理育人工作者应制定明确的育人目标和计划,分阶段实施。在每个阶段结束后,要对工作进行总结和反思,及时调整育人策略和方法。同时,还要关注学生的心理变化和发展趋势,为他们提供持续的心理支持和指导。

心理育人的基本原则共同构成了心理育人的基本框架和指导思想,为促进学生心理健康发展提供了有力保障。在实际工作中,心理育人工作者应深入理解和贯彻这些原则,不断提升自身的专业素养和实践能力,为培养身心健康、全面发展的优秀人才贡献力量。

第二节 高等师范学校心理育人的现实意义

一、高等师范学校心理育人的主要内容

高等师范学校心理育人是指通过教育教学、管理服务、体制环境等手段,帮助学生主动调节心理,培养积极健康的心理品质和良好人格特质。教

育者需要关注学生的心理健康状况和负面心理现象，提高学生的心理素质，帮助学生掌握心理健康知识和技能，以更好地适应学校、家庭和社会生活。高等师范学校心理育人的内容包括普及心理健康知识、心理危机干预、心理困惑解答等，重点在于帮助学生了解自己、接受自己、发展自己、形成健康的自我概念，调节情绪、提高情商、表达情感、保持良好精神状态，正视冲突和挫折、提高承受能力、及时调节自我、克服心理障碍、锻炼意志品质。

（一）宣传心理健康基础知识

传播心理健康知识是高等师范学校心理育人的基础。通过开设心理学课程、举办心理学讲座、开展心理学知识竞赛等形式，向学生普及心理学知识，帮助学生了解心理学的基本原理、方法和应用，培养学生的心理学素养和意识。同时，还可以引导学生正确认识自我，发掘自身潜能，提高自我认知和自我调节能力。尤其是传授应对心理困扰的自助自救方法，有助于提高大学生的心理调节能力。心理老师需要具备丰富的心理健康知识，采用学生喜欢的方式进行心理健康教育，帮助学生树立心理健康意识。此外，心理老师需要关注大学生的学习和生活实际，了解他们的心理需求，在不同成长阶段传授相应的心理健康知识，帮助学生认识自我、接受自我，意识到心理健康的重要性，自觉关注心理健康状况，提升心理健康水平。心理老师也可利用自身优势向学生家长宣传心理育人知识，家长的健康心理和育人理念对学生的健康成长也具有重要作用。

（二）组织心理育人实践活动

心理育人实践活动应目标明确，针对不同专业和学生个性特点制定活动方案，重点培养学生的自信心和团队合作精神，加强学生的情感调适和人际关系处理能力，侧重于职业生涯规划和压力管理。心理育人实践活动形式多样，包括讲座、沙龙、拓展训练、心理剧等，同时可以利用网络平台开展线上活动。学校应培育专业师资队伍，邀请专家参与策划和指导，确保活动质量。心理育人实践活动评价机制包括参与度、满意度和心理素质提升等方面，根据评价结果调整活动方案。心理育人实践活动有助于提高学生的心理素质和心理调适能力，可以让学生获得良好的心理体验。心理育人实践活动能解决学生当前和未来的心理困扰，提升学生的心理承受能力和社会适应能力。心理育人实践活动以学生为本，发挥学生的优点和优势，促使学生关心和理解他人，建立健康的人际关系。

（三）开展心理危机预防干预

心理危机干预是高等师范学校心理育人的重要组成部分。高等师范学校的学生面临着学习、生活、情感等多方面的压力和挑战，容易出现心理危机。高等师范学校应建立健全心理危机干预机制，及时发现和解决学生的心理问题。具体来说，可以通过建立心理档案、开展心理测评、设立心理咨询室等方式，为学生提供专业的心理支持和帮助。同时，还应该加强心理健康的宣传和教育，提升学生的心理健康意识和自我保护能力。

（四）解答学生心理困惑

解答学生心理困惑是高等师范学校心理育人的日常工作内容。学生在学习和生活中会遇到各种困惑和难题，需要通过心理咨询和辅导来解决。高等师范学校应建立完善的心理咨询体系，为学生提供及时、有效的心理咨询服务。同时，还应该鼓励学生主动寻求帮助，敢于面对问题，增强解决问题的能力和信心。在心理育人工作中，应根据不同学生出现的不同程度的心理困扰，制定符合学生心理特点和心理发展需求的答疑解惑方案，不断总结经验，开展系统科学的心理育人研究，并及时将研究成果进行转化，应用于实践，以便引导更多的学生走出心理困惑，增强自我修复与自我完善的本领。

（五）协同心理育人各方力量

心理育人工作需多方合作，以思想政治教育为指导，协同多学科共同参与。同时，利用新媒体技术优化工作方法和手段。心理育人工作应随时代而变化，丰富内容，拓展形式，推动多元化发展。学校教育对大学生成长至关重要，需建立完善的心理健康教育体系，开展丰富的活动，提高学生的心理素质。教师需关注学生的个体差异，因材施教，及时解决学生的心理问题。学校需制定政策，引导家庭和社会共同参与，促进学生的心理健康教育。

二、高等师范学校心理育人的主要特点

随着社会的发展和教育的改革，心理育人已成为高等师范学校教育的重要组成部分。高等师范学校心理育人的特点可以从以下几个方面进行概括。

（一）以德育人的价值遵循

高等师范学校心理育人旨在培养全面发展的人，以育德育人为根本价值目标，强调德育在高等师范学校心理育人工作中的核心地位。“育德”是“育人”的一种方式，二者有机衔接，构成了心理育人鲜明的特质。“育德”与“育人”是不可拆分的价值支点。部分教师将心理育人片面地心理学化，导致在业务培训、学术交流、工作管理中过多局限于心理学领域，而缺乏“育人”能力；部分教师经历过系统的育人理论学习，有较强的“育人”意识，但“育德”的专业技能较为欠缺。因此，高等师范学校应强调心理健康教育与德育的有机结合，引导学生树立正确的人生观和价值观，培养良好的心理素质和道德品质。

（二）共育互助的运行模式

共育互助强调全员同心同向、共同参与、积极配合，是心理育人的关键。高等师范学校心理育人工作困难且复杂，只有各方育人主体形成共识、共同面对，才能使心理危机处理过程有条不紊，扎实推进心理育人工作。共育互助是高等师范学校心理育人的基本运行模式，全员的支持、理解与配合必不可少。高等师范学校需获得社会各方的支持、学校部门的保障及学生群体的主动配合。社会为高等师范学校心理育人提供社会保障，时政内容为高等师范学校心理育人提供鲜活的内容及鲜明的方向。高等师范学校应

组建心理育人骨干队伍，包括党委工作部、团委、院系、校医院等教职工，以及由心理老师、班级心理委员、后勤宿舍管理者、宿舍长等构成的补充队伍，共同为心理育人工作保驾护航。学生作为心理育人服务对象，也能在心理成长后转变为育人者角色，给予他人心理帮助。高等师范学校应调动教职工参与心理育人的主动性、积极性，保证骨干教师每年接受40学时以上的专业培训，重视对补充队伍的心理知识培训。心理育人应坚持全员共育、互帮互助，帮助学生缓解紧张情绪，从内心深处获得精神力量，克服心理问题。高等师范学校需构建完善的心理育人体系，包括课程设置、师资队伍建设、实践基地建设、心理咨询与治疗服务等多个方面。学校应设立专门的心理育人机构，加强与社会心理健康服务机构的交流合作，为学生提供更好的服务。

（三）人格成长的内驱动力

大学生更关注自身的人格发展。心理育人对人格成长有独特功能，能够帮助学生认识自我、应对挫折、确立目标等。心理育人能够强化学生的心理动能，帮助学生积极应对困难。应强化学生主体性教育和引导，结合社会主义核心价值观，对学生的心理问题进行及时预判、干预和引导，尊重学生的意愿，发掘学生的心理潜能，使学生成为心理人格健全的人。

（四）灵活多样的工作形式

随着教育改革的深入，心理育人模式已转变为学生体验模式，强调学生主动参与育人过程，关注工作开展情况，以实现育人目标。灵活多样的工作形式是提升高校心理育人质量的重要方式。高等师范学校可以利用学校宣传媒体开展心理教育，通过团体辅导活动引导学生认识自己、疏通情感、增强凝聚力与归属感、重建理性认知。高等师范学校应优化校园环境，探索多种渠道，增强学生的服务意识、劳动意识，使他们的心理更加健康、成熟。高等师范学校应因材施教，对不同性格特点的学生采用不同的心理育人方法。同时，找到不同层次和性格学生的心理共性，制定共通的心理育人方法,以提高心理育人效益。高等师范学校应针对学生的心理发展规律和教育规律进行科学教育,不断完善心理健康和咨询服务体系,以提高心理育人的实效性。以灵活多样的工作形式开展心理育人,学生更容易受到熏陶、提升感悟。高等师范学校应关注心理学领域最新研究成果和实践经验,不断更新教育内容和方法,提高心理育人的实用性和针对性,提高教师的教育教学水平。

三、高等师范学校心理育人的基本要求

高等师范学校心理育人的基本要求是立足时代特征,不断创新发展。通过跨界融合、以人为本、协同创新、强化队伍建设、注重科研创新等,为培养全面发展的新时代人才贡献力量。

(一)跨界融合,提升心理育人质量

1.学科交叉

高等师范学校心理育人应充分发挥学科优势,与其他学科进行交叉融合,如教育学、社会学、生理学等,以全面提高心理育人质量。通过跨学科研究,深入挖掘心理育人的理论体系和实践模式,为培养全面发展的新时代人才奠定基础。

2.信息技术融合

高等师范学校心理育人应充分利用现代信息技术,如大数据、人工智能等,创新心理育人手段。通过构建学生心理健康档案,实现个性化心理辅导,提高心理育人的针对性和有效性。同时,运用网络平台开展线上线下相结合的心理辅导活动,拓宽心理育人渠道,满足学生多样化需求。

(二)以人为本,创新心理育人模式

1.个性化关怀

高等师范学校心理育人应关注每个学生的个性特点和心理需求,提供

差异化的心理辅导服务。针对不同年级、不同专业的学生，制定有针对性的心理育人方案，确保心理育人工作落到实处。

2.全程育人

高等师范学校应将心理育人贯穿于学生成长全过程，从入学到毕业，关注学生心理的发展变化，及时提供必要的心理支持。加强师生沟通，增进对学生心理状况的了解，提高心理育人工作的预见性和前瞻性。

（三）协同创新，构建心理育人共同体

1.校内协同

高等师范学校应加强校内各部门间的合作与协调，形成心理育人合力。教务、学生工作、后勤等各部门共同参与，确保心理育人工作落实到位。

2.校地协同

高等师范学校应与地方政府、企事业单位、社会团体等建立紧密的合作关系，共同推进心理育人工作。充分利用社会资源，为师生提供更多优质的心理服务，拓宽心理育人工作领域。

（四）强化队伍建设，提高心理育人能力

1.专业培训

高等师范学校应加强对心理育人工作者的专业培训，提高其业务水平和服务能力。定期举办心理健康教育培训课程，促使心理育人工作者不断更新知识、提升技能。

2.人才引进

高等师范学校应引进高层次心理育人专业人才，充实心理育人队伍。通过优惠政策等，吸引优秀人才投身心理育人事业，提高心理育人整体水平。

(五)注重科研创新,推动心理育人事业发展

1.课题研究

高等师范学校心理育人应使课题研究与工作实务同向同行,推动心理育人理论研究与实践探索。通过课题研究,不断提高心理育人工作的科学性和有效性。

2.学术交流

高等师范学校应积极参加国内外学术交流活动,拓宽视野,学习借鉴先进的心理育人理念和方法。加强与国内外学者的合作与交流,促进心理育人的创新发展。

四、高等师范学校心理育人的时代特征

当今时代,影响大学生心理健康的因素日趋复杂化、多样化,高等师范学校心理育人工作者要把握新时代心理育人的特征,开展相应的心理育人工作。

(一)心理育人的德育定位

心理育人在德育工作中具有重要地位,是马克思主义关于人的全面发展理论的体现。心理育人从心理学的角度出发,运用相关原理和方法,帮助学生解决心理冲突和障碍,保持健康心态和健全人格。思想政治教育则运用马克思主义原理和方法,帮助大学生树立科学的理想信念,形成高尚的道德品质。二者都强调将大学生的知、情、意外化成行为,内化为思想和信念。心理育人是高校思想政治工作的有机内核,强调“育心”与“育德”的有机统一。心理健康教育帮助学生树立正确的世界观、人生观和价值观,是德育工作的重要环节。教师的心理健康水平直接影响学生,高等师范学校心理育人应注重培养师范生的师德师风,提高师范生的教师职业心理素质和道德修养。心理育人理念为德育工作提供了新思路和新方法,使德育更具针对性和实效性。

(二)心理育人的多向维度

心理育人最初主要针对存在心理问题的大学生,为他们提供心理帮助,以实现更好的发展。随着社会经济的发展,心理育人的内涵愈加丰富多元,工作形式愈加多样化,面向更多有心理发展需求的大学生提供高效服务。这要求育人工作讲求温度、精度和高度。高等师范学校心理育人应讲求温度,即尊重、信任和理解学生,营造良好的教育氛围。高等师范学校心理育人应讲求精度,即精确把握大学生的心理问题,采取有效的解决方法和途径。高等师范学校心理育人应追求高度,即加强心理健康问题基础性研究,规范发展心理健康服务,提高大学生适应学校学习和社会生活的能力。高等师范学校心理育人的目标是提高学生的整体素质,培养学生的健康人格,促进学生全面发展。高等师范学校心理育人的教育目标多维度,不仅关注心理健康,而且重视全面发展和潜能挖掘。高等师范学校心理育人的教育内容综合性强,涵盖心理健康教育的基本内容,结合师范生的特点培养教师职业心理素质。高等师范学校心理育人的教育方式互动性强,引导学生主动参与和亲身体验,提高心理育人的实效性。

(三)心理育人的整合模型

近年来,由于党和政府的高度重视,心理育人已在高校受到广泛关注。教育部制定了相应规划和发展纲要,为高等师范学校心理育人提供了制度和保障。为了更高效地开展心理育人工作,需要从宏观、中观、微观层面构建一体化工作体系,加强与其他育人环节的互动性、联结性,形成协同育人格局。高等师范学校心理育人工作不能仅依靠单一主体,需要政府、社会、学校、家庭和学生自我等多方面要素共同参与,形成教育综合网。特别是学校、家庭、社会和政府需同心协力、互助合作、动态协调,形成教育合力。高等师范学校心理育人的重点是培养学生对主客观世界的认识能力和调控能力,保持积极健康的心态,培养良好的应对能力。思想政治教育以大学生的全面发展为目标,包括理想信念教育、爱国主义教育、道德品质教育等,旨在引导大学生形成正确的价值观，鼓励大学生将个人理想与国家、社会理想相结合，积极参与社会实践。心理育人和思想政治教育在教育方向上虽有侧重，但根本目标一致，都致力于培养全面发展的人才。

（四）“大思政”观育人体系

在新的历史发展阶段，高等师范学校应树立新的思政观，推进心理育人体系建设。高等师范学校应立足于立德树人，突出心理育人的地位，融合十大育人体系，实现相互渗透、融合贯通，构建大思政工作格局，推进思想政治工作一体化，提升育人实效。只有将各个育人体系内在融通、外部衔接，并落到实处，才能提升高等师范学校思想政治工作质量，发挥心理育人的独特价值。高等师范学校心理育人工作对思想政治教育的高质量发展、青年大学生的健康成长和全面落实立德树人根本任务至关重要。在思想政治教育的总体框架下开展心理育人，通过心理育人提升和优化思想政治教育效果，实现立德树人的总目标，是我国高等师范学校心理育人的鲜明特点。大思政教育展现出主动性和预防性的特征，推动了高等师范学校心理育人的发展，从被动性和矫正性转变为预防性，体现了心理育人建设的最终目标。高等师范学校应利用大思政教育平台，加强对大学生心理健康教育的指导，强化心理育人工作的针对性和发展性。高等师范学校不仅应将思想政治教育贯穿于教育教学全过程，还应广泛吸收各学科和领域的知识和方法，运用于心理育人建设当中。

五、高等师范学校心理育人的重要意义

高等师范学校心理育人是促进学生自由全面发展必不可少的环节，其教育目标和教育内容决定了它具有育心、育德、育人三个方面的重要意义。

（一）基本意义：以心育心

育人始于育心，这是对教育对象的关怀和教育规律的回归，也为培养具有良好心理素质的高水平人才奠定了重要基础。高等师范学校心理育人的

地位至关重要,关乎学生个人成长和国家未来的教育质量。高等师范学校心理育人旨在引导学生树立正确的世界观、人生观、价值观,培养具备健全人格和良好心理素质的教育工作者。高等师范学校心理育人的核心在于师生间的深入了解与共鸣。高等师范学校心理育人工作是培养高水平人才的基础,具有预防、矫治和完善三大功能。预防功能指预防心理疾病、缓解心理障碍,形成良好的生活习惯;矫治功能指分析心理状况、矫治心理问题,解决心理困惑;完善功能指维护心理健康、促进人格完善,使大学生的人格得到协调发展。高等师范学校教师应运用专业知识和人格魅力,对学生进行有针对性的指导和帮助,不仅关注学生的知识掌握,更注重学生的情感体验和心灵成长。高等师范学校心理育人功能包括培养学生的健全人格、提升学生的心理素质、促进学生的情感发展。高等师范学校心理育人的实施策略包括强化教师心理育人意识、完善课程体系、创新方式方法、加强实践环节和建立评价体系。为充分发挥心理育人的作用,高等师范学校应采取相应措施,培养具备高尚师德和精湛业务水平的未来教育工作者。

(二)潜在意义:正心育德

1.正心育德的内涵

正心,即端正心志,保持内心的清净与正直。在纷繁复杂的社会中,人们常常面临着各种诱惑和挑战,只有拥有一颗正直的心,才能坚守自己的原则和底线,不被外界所动摇。正心是一种内在的力量,它能够使人们在面对困难时保持坚定的信念,在追求目标时保持清晰的头脑。育德,即培育品德,塑造美好的人格。品德是一个人立身处世的根本,它关乎着个人与他人、与社会的关系。育德不仅是个人成长的需要,也是社会进步的基石。一个品德高尚的人,才能够赢得他人的尊重和信任,才能够在社会中发挥积极的作用。

2.正心育德的意义

心理育人的终极目标是自我实现,即个体将社会道德规范内化为自己的意识,并自觉理解和内化心理健康教育内容。心理育人工作应成为德智体美劳全面培养的教育体系的重要组成部分，促进各育人要素之间的螺旋式、有序性上升。心理育人作为有效的道德教育模式，必须均衡、全面，才能够培养有道德自觉、个性、创造力的个体。同时，心理育人对思想道德教育质量的提升具有独特功能，心理育人能够以个体性教育方式达到接近学生内心的目的，通过情感共鸣引导学生走上正确的道路。

正心育德是一种相互促进、相互影响的过程。正心是育德的前提和基础，只有内心正直，才能培育出高尚的品德；育德是正心的体现和升华，通过不断地修炼和提升，内心会变得更加纯净和坚定。在现代社会中，正心育德的功能愈发凸显。随着科技的快速发展和信息的爆炸式增长，人们面临着前所未有的挑战和诱惑。在这样的背景下，保持一颗正直的心、培育高尚的品德显得尤为重要。正心育德不仅能够帮助学生抵御外界的诱惑和干扰，还能够提升学生的精神境界和人生价值。正心育德并非一蹴而就，需要不断地反思自我、修正行为、提升品质。同时，需要关注社会的发展和变化，不断地调整和完善自己的品德修养。在这个过程中，可以通过阅读经典、学习榜样、参与社会实践等方式来提升自己的品德修养。

正心育德是一种文化的传承和发扬。自古以来，中华民族就非常注重品德修养和道德教育。在传统文化中，可以找到许多关于正心育德的经典论述和故事。这些传统文化不仅是我们的宝贵财富，也是实现正心育德的重要资源。通过传承和发扬传统文化，可以更好地实现个人成长和社会进步。正心育德是构建和谐社会的基石。在一个充满竞争和挑战的社会中，如果每个人都能够保持内心的正直和品德的高尚，那么整个社会就会变得更加和谐、稳定和繁荣。正心育德能够促进人与人之间的信任和理解，增强社会的凝聚力和向心力。

正心育德不仅仅是一种理念，更是一种实践。我们要从自己做起，从现在做起，用实际行动去践行这种理念。只有当我们每个人都能够真正做到正心育德时，我们的社会才会变得更加美好、更加和谐。正心育德关乎着个人的成长和社会的进步。通过正心育德，可以不断提升个人的精神境界和人生价值，也可以为社会的和谐稳定贡献力量。

（三）整合意义：强化育人

在新时代背景下，高等师范学校心理育人工作具有重要的整合功能，能够有效强化育人效果。心理育人工作应立足心理，面向德育，体现德心共育的教育理念。整合多方教育资源、形成协同育人机制、构建整体道德环境，是提高心理育人工作质量和水平的关键措施。

1.强化育人的措施

一是整合多方教育资源。高等师范学校需要打破传统的界限和壁垒，实现资源的优化配置和共享。高等师范学校要注重校内资源的整合，如图书馆、实验室、体育设施等的共享与协同使用，以提高资源利用效率。同时，也要注重校外资源的整合，如与企业、社区、文化机构等建立合作关系，为学生提供更广阔的学习和实践平台。通过整合多方教育资源，可以丰富学生的学习体验，拓宽学生的视野，培养学生的综合素质。当前，心理育人资源存在分散化、碎片化的问题，需转变观念，整合心理育人的主体资源、制度资源、内容资源、平台资源和实践资源等，这些资源的有机联系和良性互动有助于准确定位心理育人工作的有效需求区域。心理育人工作者应依据需求设计显性和隐性的教育资源，进行准确“投递”。

二是形成协同育人机制。人的全面发展的总体目标决定了高等师范学校心理育人体系的多元性。各育人单位应补位协作、共同育人。良好的心理育人运行机制能促进心理育人工作更协调、更稳定、更高效。在课程设置方面，整合功能同样发挥着重要作用。传统的课程设置往往过于注重学科知识的分割和细化，而忽视了知识的整体性和综合性。高等师范学校需要打破学科壁垒，实现跨学科课程的整合与融合。通过整合不同学科的知识和方法，帮助学生建立更加全面、系统的知识体系，培养他们的综合运用能力和创新能力。

三是构建整体道德环境。良好的道德环境可以为学生提供更加舒适、安全、有利于学习和成长的空间。高等师范学校要注重校园环境、班级文化、师生关系等方面的建设，通过营造积极向上的氛围与和谐的人际关系，激发学生的学习兴趣和积极性，促进学生的全面发展。道德环境是影响学生道德思想和行为的外部因素。高等师范学校应努力构建一体化的心理育人格局，将家庭道德环境、学校道德环境与社会道德环境建设有机结合，形成高效立体的道德环境建设网络，实现资源共享，整合教育力量，达到培养全面发展的人的目标。

2.强化育人的实施

高等师范学校应打造更加全面、高效、富有活力的育人体系，为学生的全面发展做出积极贡献。同时，高等师范学校还应坚持以学生为中心的教育理念、注重教师的专业发展、注重评价与反馈机制的建立等，以确保育人效果的不断提升。

一是要坚持以学生为中心的教育理念。整合资源的最终目的是更好地服务于学生的成长和发展。在整合教育资源、教学方法、课程设置时，要充分考虑学生的需求和特点，确保整合效果能够真正惠及学生。

二是要注重教师的专业发展。教师是教育改革的推动者和实践者，教师的专业素养和教学能力直接影响着育人的效果。在整合资源的过程中，要加强对教师的培训和支持，提升教师的专业素养和教学能力，使他们能够更好地适应新的教育理念和教学方法。

三是要注重评价与反馈机制的建立。整合功能需要不断地进行评价和反馈，以便及时发现问题并进行调整和优化。因此，要建立一套科学的评价与反馈机制，对整合功能进行定期评估，并根据评估结果进行相应的改进和完善。

第三节 高等师范学校心理育人的实践价值

高等师范学校是培养未来教育工作者的重要基地，在新时代背景下，探索高等师范学校心理育人的实践价值尤为重要。

一、高等师范学校心理育人的必要性

(一)世界百年未有之大变局对高等师范学校学生心理健康造成严峻挑战

当今世界变幻莫测,加之我国社会转型和时代变迁,对高等师范学校产生了深刻的影响。不确定性和不稳定性是大变局的显著特征,大学生若无法应对这些变化,可能会产生焦虑、恐惧和压力,导致心理问题。引发大学生心理问题的原因是复杂多元的,涉及内在因素如认知、信念等,也与外在环境如政治经济、社会、网络新媒体和家庭环境等有关。在世界百年未有之大变局的背景下,高等师范学校的学生面临着前所未有的心理压力和挑战。这些挑战不仅来自快速变化的社会环境,还来自日益激烈的就业竞争、个人成长与未来规划的不确定性等多种因素。这些因素相互交织,共同影响着学生的心理健康,使其面临严峻的考验。

1.社会环境变迁带来心理适应难题

随着全球化的深入发展,国际政治经济格局发生深刻调整,科技进步日新月异,信息传播速度空前加快。这些变化给高等师范学校的学生带来了前所未有的心理适应难题,他们不仅需要适应快速变化的社会环境,还需要不断更新自己的知识和技能,以应对未来的职业挑战。然而,由于缺乏足够的心理准备和实践经验,许多学生在面对这些变化时感到迷茫和无助,进而产生焦虑、抑郁等心理问题。

2.就业竞争压力加剧下的心理失衡

在当前的社会环境下,高等师范学校的学生面临着日益激烈的就业竞争。由于教育行业的特殊性,师范生的就业范围相对有限,而岗位需求又受到政策调整、人口结构变化等多种因素的影响,这使得许多学生在就业过程中感到压力巨大,担心自己无法找到满意的工作。长期的就业压力不仅会导致学生的心理失衡,还可能引发一系列心理健康问题。

3.个人成长与未来规划的不确定性

在快速变化的社会环境中，高等师范学校的学生往往面临着个人成长与未来规划的不确定性。他们不仅需要关注自己的学业成绩和专业技能的提升，还需要思考如何规划自己的职业生涯和未来发展方向。然而，由于社会环境的复杂性和个人能力的局限性，许多学生在制定个人成长计划和未来规划时感到迷茫和无助。这种不确定性不仅会影响学生的心理健康，还可能阻碍其个人成长和发展。

（二）生命教育缺失

近年来，在心理育人工作中，发现许多心理问题实际上是生命意义缺失的表现。若心理健康教育仅仅停留于学生表面困惑的解决，而不回归到对生命意义与价值的追寻。那么，那些隐藏于学生内心深处的生命困惑在其未来生活中将会反复出现，最终影响学生的身心发展。

1.教育中存在“生命空场”现象

在全球化、信息化、科技化的大背景下，各年龄段学生的生活环境、生活方式均发生了剧变，给他们的身心带来前所未有的挑战。尽管学校的心理健康教育取得了一定的成效，但学生的生命伤害事件依然频发。有些行为或事件，已经不足以用“心理问题”来定义或解释，其源头直指长期以来教育中存在的“生命空场”现象。现实生活中，诸多心理危机案例和极端事件表明，个体生命意识淡漠、生命道德认知不清、生命意义感和价值感丧失是造成很多生命伤害事件的重要导火索。

2.心理育人缺乏人文关怀和生命成长引导

传统的心理危机干预模式以病理性心理学为基础，重点关注危机发生时的心理和行为，目标是确保生命安全，但这种模式忽视了危机干预后的生命成长。心理危机干预应注重预防性和发展性，帮助个体建立健康、有效的应对方式，实现生命价值。心理健康教育不能停留在关注和解决学生心理问题的层面，而是必须回到生命与意义的追寻上。这并不意味着否认个别学生存在心理问题的可能性，也并不否定心理健康教育的价值与功能。心理健康教育重视对学生心理危机的干预，为保障学生心理健康发挥了重要作用。但在传统心理学的影响下，心理健康教育常常将学生看成“生病的”或者“有问题的”，关注心理问题的解决过程与结果。生命教育以发展的眼光看待学生，认为所有生命都是有意义的、发展的、有潜能的，关注学生自我价值的实现。生命教育引领心理健康教育，共同发挥育人功能。心理健康教育不应仅关注学生的心理问题，还要关注生命价值与意义的追寻。这并不否定心理健康教育的价值，而是强调从“解决问题”转向“追求意义”。

人文关怀，作为一种以人为本、关注个体情感体验和精神需求的价值理念，在心理育人工作中具有不可替代的作用。然而，现实中，许多心理育人工作过于注重技能的传授和问题的解决，而忽视了对学生情感世界的深入探索和关怀。这种冷冰冰的教育方式往往让学生感到被忽视和被孤立，难以建立起真正的信任感和归属感，从而影响了心理育人的效果。生命成长引导是心理育人工作的重要方面。它关注的是个体在成长过程中所面临的各种挑战和机遇，以及如何帮助个体更好地应对挑战、把握机遇，实现自我成长和发展。然而，当前的心理育人工作往往缺乏对生命成长内涵的深入理解和系统引导，导致学生在面对生活困境和人生选择时缺乏必要的心理支持和成长动力。

心理危机本质上是缺乏对生命的认识、敬畏和尊重。如果大学生有积极的生命意识并掌握心理技能，他们不太可能因挫折而轻生。对个体进行心理健康教育和生命教育，培育积极的心理品质，能有效预防心理危机。心理危机的产生与生命观有关，生命教育的缺失是导致大学生心理危机的原因。生命教育能引导大学生树立科学的世界观和人生观，促进高等师范学校建立具备人文关怀的危机干预模式和理念，满足高等师范学校心理危机干预的现实需要。

(三)心理育人是应对学生心理问题和挑战的有效方法

世界百年未有之大变局给高等师范学校的学生带来了严峻的心理健康挑战,面对这些挑战,学生需要积极寻求应对策略,学校和社会也应提供必要的支持和帮助。如果他们无法应对这些变化,难以适应新时代的教育需求,势必会影响我国教育事业的繁荣发展。为此,高等师范学校心理育人成为一项至关重要的任务。只有做好心理育人工作,才能确保高等师范学校的学生在面对复杂多变的社会环境时能够保持健康的心理状态,为未来的职业发展和个人成长奠定坚实的基础。

1.心理育人有利于解决学生的心理困扰

当代大学生面临人际交往、自我意识、职业生涯等困惑,以及多重压力下的心理问题。一些大学生出现情感冷漠、意志力薄弱、价值缺失等问题,甚至出现严重心理疾病。心理育人从大学生的内在需求出发,解决他们在成长过程中遇到的问题,如人际交往、自我意识和情绪情感等。通过开展相关活动,宣传和普及心理健康知识,提高大学生的心理调适能力。同时,为大学生提供心理咨询,开展心理康筛查,预防和处理心理问题。

2.心理育人有利于学生的心灵成长

心理育人关注学生的心灵成长,帮助他们树立正确的世界观、人生观、价值观,以积极的心态迎接挑战。心理育人从大学生的内在需求出发,帮助他们解决成长过程中遇到的心理健康问题,提高他们的心理素质。这样,他们才能更好地适应大变局背景下的教育环境,为我国教育事业的发展贡献力量。心理育人重视培养学生的心理适应能力。在大变局背景下,各种压力和挑战接踵而至,学生需要具备良好的心理素质来应对。通过开展心理健康教育,提高学生的心理适应能力,有助于增强他们面对困境时的心理韧性。

高等师范学校学生心理健康面临着严峻挑战。心理育人作为一项重要任务,需从多个层面入手,帮助学生提高心理素质,适应新时代的教育需求,只有这样，我国教育事业才能在大变局中不断繁荣发展。

二、高等师范学校心理育人的可行性

（一）政策支持与理念引导

高等师范学校作为培养未来教师的重要基地，应积极响应国家关于教育、心理健康等方面的政策要求，深入学习贯彻习近平总书记关于教育的重要论述，聚焦立德树人根本任务，将心理健康教育贯穿思政工作全过程，融入教育教学、管理服务和学生成长各环节。政策支持和理念引导为高等师范学校心理育人工作提供了坚实的理论基础和行动指南。

1.政策支持

近年来，国家高度重视学生心理健康教育，出台了一系列相关政策文件，《中共中央关于制定国民经济和社会发展第十四个五年规划和二〇三五年远景目标的建议》对青少年心理健康教育提出了明确要求，《国务院关于实施健康中国行动的意见》和《健康中国行动（2019—2030年）》等文件也强调了心理健康教育的重要性。特别是2024年政府工作报告明确提出了“加强学生心理健康教育”的任务，进一步彰显了国家层面对学生心理健康工作的高度重视。

教育部等十七部门印发的《全面加强和改进新时代学生心理健康工作专项行动计划（2023—2025年）》为高等师范院校心理育人工作提供了具体的行动指南。教育部还发布了《高等学校学生心理健康教育指导纲要》等文件，明确了高等学校学生心理健康教育的指导思想、基本原则和主要任务，为心理育人工作提供了政策支持和制度保障。

2.理念引导

高等师范学校应坚持立德树人根本任务，将心理健康教育作为人才培养的重要组成部分，融入教育教学、管理服务和学生成长各环节，构建“三全育人”格局。通过心理育人，引导学生正确认识自我、发展自我、完善自我，培养自尊自信、理性平和、积极向上的健康心态,促进学生心理健康素质与思想道德素质、科学文化素质协调发展。

高等师范学校在心理育人工作中应坚持以学生为中心的理念,关注学生的内心世界和成长需求,提供个性化的心理支持和帮助。通过建立健全的心理咨询与辅导体系,开展丰富多彩的心理健康教育活动等,增强学生的心理健康意识和应对能力,促进学生的全面发展。

高等师范学校应积极构建全员参与、全程育人、全方位育人的心理育人工作体系。将班主任、宿管、保安、家长等与学生密切相关的人员纳入预防性心理育人工作体系当中,共同守护大学生心理健康。

政策支持与理念引导为高等师范学校心理育人工作的有效开展提供了坚实的保障。通过政策支持与理念引导,实现心理育人工作的全面覆盖和无缝衔接,形成强大的工作合力。

(二)健全的体系与机制

1.组织体系

高等师范学校普遍建立了由学校领导、相关部门、院系及专业教师组成的心理健康教育与咨询中心或相应机构,负责全校心理健康教育工作的规划、实施、监督和评估。这种组织体系确保了心理育人工作的系统性和有序性。

2.工作机制

高等师范学校普遍构建了包括心理健康教育课程、心理咨询与辅导、心理危机干预、心理健康教育活动等多位一体的心理育人工作体系。通过课堂教学、个别咨询、团体辅导、实践活动等多种形式,全方位、多角度地关注和促进学生的心理健康成长。

(三)专业队伍与资源保障

1.专业队伍

高等师范学校拥有一支由心理学专业教师、心理咨询师、辅导员等组成的专兼职心理健康教育工作队伍，他们具备扎实的心理学理论基础和丰富的实践经验，能够为学生提供专业的心理咨询与辅导服务。

2.资源保障

高等师范学校为心理育人工作提供了必要的经费支持、场地保障和设施设备。例如，建立了心理咨询室、团体辅导室等专用场所，配备了先进的心理测评软件、心理咨询设备等，为心理育人工作提供有力支持。

三、高等师范学校心理育人的实践价值

（一）马克思主义生命观发挥宏观引领作用

高等师范学校作为培养未来教育工作者的重要基地，肩负着培养具有健康心理素质的人才的重要使命。在开展大学生心理健康教育的过程中，马克思主义生命观具有宏观引领作用。一方面，马克思主义生命观具有调整认知、调节情绪、培育情感、磨炼意志、塑造人格和规范行为等方面的积极作用，能够促进大学生积极适应社会，与人和睦相处，获得幸福和谐的内心体验；另一方面，马克思主义生命观能够引导大学生树立积极正确的价值观，形成正确的生命观，从价值层面关注生死，体会生命的价值与意义，以积极乐观的态度对待生命，珍惜生命，实现生命的价值与意义。通过积极正向的生命观引导，可以培养大学生自尊自信、理性平和、积极向上的心态，提高大学生的心理健康水平，预防极端危机事件发生，培养大学生成为有理想、有本领、有担当的社会主义事业的建设者和接班人。

1.马克思主义生命观与大学生心理健康教育的深度融合

在当前多元化、复杂化的社会环境中，高等师范学校作为培养未来教育工作者的摇篮，其责任与使命愈发显得重要而艰巨。马克思主义生命观以其深厚的理论底蕴和宏观的引领作用，为大学生心理健康教育提供了坚实的理论支撑和科学的指导方向。马克思主义生命观作为一种科学的世界观和方法论，不仅揭示了生命的本质和规律，更提供了对生命价值和意义的深

刻洞察。将马克思主义生命观融入高等师范学校大学生心理健康教育，既是对教育内容的丰富和拓展，也是对教育方法的创新和完善。

首先，马克思主义生命观教育有助于大学生调整认知、调节情绪。在复杂多变的社会环境中，大学生面临着来自学业、就业、人际关系等多方面的压力和挑战。通过学习和理解马克思主义生命观，大学生可以更加科学地认识自己、理解他人，从而调整自己的认知结构，保持积极乐观的心态，有效应对各种压力和挑战。

其次，马克思主义生命观教育有助于培育大学生的情感和意志品质。情感是人类精神生活的重要组成部分，意志则是实现目标、克服困难的重要力量。通过马克思主义生命观教育，可以引导大学生形成正确的情感态度和坚强的意志品质，使他们在面对困难和挫折时能够保持坚定的信念和顽强的毅力。

最后，马克思主义生命观教育有助于塑造大学生的人格。人格是个体在生理、心理和社会环境等多方面因素共同作用下形成的独特而稳定的心理品质和行为特征。通过马克思主义生命观教育，可以引导大学生形成健全的人格和良好的行为习惯，使他们在日常生活中自觉遵守社会规范，积极履行社会责任。

2. 马克思主义生命观在价值观引领中的重要作用

价值观是个体对事物价值的评价和选择的标准，是指导个体行为的重要准则。马克思主义生命观在价值观引领方面发挥着举足轻重的作用。

一方面，马克思主义生命观引导大学生树立积极正确的价值观。在当前社会，各种价值观念交织碰撞，容易使大学生产生迷茫和困惑。马克思主义生命观以其科学性和先进性，为大学生提供了清晰的价值导向。它强调生命的尊严和价值，倡导尊重生命、珍爱生命、实现生命价值的理念，引导大学生形成正确的生命观和价值观。

另一方面，马克思主义生命观关注生死，体会生命的价值与意义。生死是生命的基本问题，也是人们普遍关注的问题。通过马克思主义生命观教育,可以使大学生从价值层面深入思考生死问题,理解生命的短暂和宝贵,从而更加珍惜生命、热爱生命、创造生命价值。

在马克思主义生命观的引领下,高等师范学校通过心理健康教育,致力于培养大学生自尊自信、理性平和、积极向上的社会心态。这种心态不仅有助于大学生个人的健康成长和发展,对社会的和谐稳定也具有重要意义。自尊自信是大学生健康成长的重要基石。通过心理健康教育,大学生能够认识到自己的独特性和价值,从而建立起自尊自信的心理基础。这种自信能够激发他们的内在动力,促使他们不断追求进步和超越自我。理性平和是大学生应对复杂社会环境的必备素质。在马克思主义生命观的指导下,大学生学会了用理性的眼光看待问题,用平和的心态应对挑战。他们能够在面对困难和挫折时保持冷静和理智,不轻易被情绪所左右,从而做出正确的决策和行动。积极向上是大学生实现自我价值和社会价值的关键态度。心理健康教育能够帮助大学生形成积极向上的生活态度和学习态度,使他们勇于面对挑战和困难,敢于追求梦想和目标,以乐观的心态迎接未来的挑战和机遇。

(二)保护自然生命,发展社会生命,升华精神生命

人的生命是自然生命、社会生命、精神生命的统一。自然生命是物质载体,遵循生物发展规律,应顺其自然、保护珍爱。社会生命是成为社会人的基础,需掌握社会价值观念、制度规范,融入社会,发展良好关系。精神生命是人和动物的区别,需超越自然生命和社会生命的局限性,追求和升华。心理健康教育应遵循生命发展规律,关注精神生命,唤醒超越意识,帮助大学生树立人生目标和远大理想,客观认识和评价自己,培养自尊自信、乐观坚韧的品质,以理性平和、积极向上的心态面对人生挫折。在自然生命层面,尊重生命的规律,关注个体的生理健康。在社会生命层面,引导个体理解和接纳社会规范,建立良好的人际关系,掌握社会价值观念,找到适合自己的社会角色,发挥自己的社会功能。在精神生命层面,引导个体客观认识和评价自己,培养自尊自信、乐观坚韧的品质。

1.保护自然生命

自然生命是我们存在的基石,是我们生命的物质基础,它承载着我们的身体与感官,让我们能够感知这个丰富多彩的世界。自然生命遵循生物发展的规律,顺应自然的节奏,不断地生长、繁衍,展示着生命的顽强与魅力。然而,随着人类社会的快速发展,自然生命面临着越来越多的威胁和挑战,我们应保护自然,珍爱生命。保护自然生命意味着保护动植物的生存环境。动植物是地球生态系统的重要组成部分,它们与我们息息相关,共同构建着这个美丽的家园。然而,随着人类活动的不断扩张,许多动植物的栖息地遭到破坏,导致物种数量锐减,生态平衡受到严重破坏。为了保护自然生命,我们应该采取积极措施,如建立自然保护区、限制开发活动等,为动植物提供一个安全、稳定的生存环境。

保护自然生命也意味着维护我们自身的健康。自然生命与我们的健康紧密相连,我们的身体需要呼吸新鲜的空气、饮用干净的水源、摄取均衡的营养,这些都需要一个健康、稳定的自然环境作为支撑。随着环境污染、气候变化等问题的日益严重,我们的健康面临着越来越大的威胁。因此,我们应该加强环境保护意识,减少污染排放,推动绿色发展,为自身健康创造一个良好的自然环境。个体的生理健康是自然生命得以延续的基础,只有保持健康的身体状态,我们才能更好地发挥自身的潜能,追求更高层次的精神生活。因此,我们应该注重锻炼身体,保持良好的生活习惯,确保自然生命得到充分的呵护和滋养。

2.发展社会生命

人类生命并非仅仅局限于自然生命,而是涵盖了更为广阔的社会生命。社会生命作为人类生命的重要构成部分,使人类生命得以在社会的大舞台上延伸和发展,展现出无限的可能性和活力。社会生命的发展离不开教育。通过接受系统的教育,我们得以掌握丰富的知识,形成独特的价值观念,并培养出高尚的道德情操。教育使我们能够更好地理解社会运行的规律,掌握社会交往的技巧,从而在社会中立足并不断进步。

社会生命还意味着我们需要遵守社会制度规范,融入社会大家庭。制度是社会的基石,它规定了人们的行为准则和权利义务,保障了社会的稳定与和谐。作为社会成员,我们需要遵守社会制度规范,尊重他人的权利和利益,共同维护社会的公平和正义。在这个过程中,我们学会了与他人交往,建立了良好的人际关系。人际关系是社会生命的重要组成部分,它关系到我们的情感需求、精神寄托和生活质量。通过与他人交往,我们不仅能够获得友谊、爱情等情感支持,还能够相互学习、共同进步,实现自我价值的提升。

社会生命的发展能使我们找到适合自己的社会角色,发挥自己的社会功能。每个人都有自己的特长和兴趣,通过在社会中扮演不同的角色,我们能够将自己的优势发挥到极致,为社会的发展贡献自己的力量。社会生命的发展不仅丰富了我们的生命体验,也使我们成为更有担当、更有责任感的社会成员。在面对社会问题时,我们能够积极发声,采取行动,为社会的进步贡献自己的力量。同时,我们也能够承担起家庭和社会的责任,为家人和社会创造更多的价值。

3.升华精神生命

精神生命作为生命的最高境界,是人与动物的根本区别。精神生命超越了自然生命和社会生命的局限性,追求更高层次的价值和意义。我们要树立人生目标和远大理想。这些目标和理想将成为我们前进的动力和源泉,引领我们在生命的道路上不断前行。同时,客观认识和评价自己,是升华精神生命的必要步骤。我们需要了解自己的优点和不足,明确自己的定位和方向。同时,我们还要培养自尊自信、乐观坚韧的品质。这些品质将帮助我们在面对困难和挫折时保持冷静和坚定,以理性平和、积极向上的心态面对人生。

升华精神生命,意味着我们要在人生的道路上不断追求更高层次的价值和意义,这不仅是对个人生命的提升和完善,更是对社会文明的贡献和推动。升华精神生命，能够为社会带来更多的正能量和积极影响，推动社会的进步和发展。同时，升华精神生命也是对生命的敬畏和尊重，使我们更加珍惜生命，更加关注生命的意义和价值。在这个过程中，我们会更加关注自己的内心世界，更加关注与他人的关系，更加关注社会的和谐与发展。在这个充满变革和挑战的时代，我们更需要升华精神生命，以应对各种复杂的情况和问题。只有拥有高度精神生命的人，才能在这个时代中立足并发挥出自己的价值。因此，我们要不断提升自己的精神境界，为实现社会的进步和发展贡献自己的力量。

（三）激发生命热情，激活生命动力，自主实现生存与发展需求

激情、热情和动力等非理性因素在人的生存发展中起到重要作用。热情是行为的驱动力和意志活动的催化剂，能转化为物质力量。马克思主义生命观强调非理性因素的价值，认为激情是人的本质活动的源动力，能激发积极性、主动性和创造性。热情洋溢的生命情感是幸福人生的动力源泉，缺乏激情则会导致麻木、无望和生命状态的贫乏或沉沦。要发挥马克思主义生命观对大学生心理危机干预的指导作用，关键在于激发大学生的生命热情，引导他们自主实现生存与发展需求。热情洋溢的大学生能悦纳自我，关爱他人，积极面对挑战。在马克思看来，一个充满激情的人，才能够真正地活出自我，实现自我价值。因此，我们应该激发自己的生命热情，让它在我们的生活中熠熠生辉。热情让我们在面对困难和挑战时，能够坚持不懈，勇往直前。同时，热情是一种积极的情感状态，它能够提升我们的幸福感，让我们在生活的点滴中感受到无尽的喜悦与满足。

对于大学生而言，激发生命热情和激活生命动力尤为重要。大学阶段是个人成长和发展的关键时期，也是个人心理成熟和人格完善的重要阶段。在这一时期，大学生面临着来自学业、就业、人际关系等多方面的压力和挑战。因此，大学生需要激发生命热情和激活生命动力，以应对挑战，实现自身的生存与发展需求。

要激发生命热情和激活生命动力，可以从多个方面入手。首先，可以引

导大学生树立正确的价值观和人生观，让他们明白生命的真正意义和价值所在。通过教育和引导，让他们意识到每一个生命都是独特的、不可复制的存在，都值得我们去珍惜和尊重。同时，可以鼓励大学生积极参与各种社会实践活动和志愿服务活动，通过实践来感受生命的价值和意义。其次，可以为大学生提供更多的学习和成长机会，让他们在实践中不断挑战自我、超越自我。例如，可以组织各种学术竞赛、科技创新活动和文化艺术活动等，让大学生在这些活动中展示自己的才华和实力，从而激发他们的自信心和成就感。同时，可以为大学生提供心理咨询和辅导服务，帮助他们解决心理问题和困惑，保持积极向上的精神状态。

激发生命热情和激活生命动力是大学生实现生存与发展需求的关键所在。应该从树立正确的价值观、提供更多的学习和成长机会、培养自主意识和自我管理能力等方面入手，为大学生创造一个有利于他们成长和发展的环境。同时，也要引导大学生保持积极向上的精神风貌和心理状态，通过实践活动和发挥主体性作用来激发自己的生命热情和动力。

（四）心理健康教育由预防治疗性功能向发展性功能转变

我国高校心理健康教育早期以问题为导向，以治疗式心理咨询为主，工作重心放在对个别学生的心理咨询和治疗上，忽视对大学生心理素质的培养和心理潜能的开发。实际上，心理健康教育具有发展性的教育功能，心理育人是心理健康教育发展的新阶段。心理育人具有心理健康教育的传统功能，包括生存保障功能、矫治性功能、预防性功能和发展性功能。生存保障功能是心理育人的底线价值，为大学生提供最基本的生存保障。矫治性功能是对有心理困扰的学生提供心理咨询和辅导，对有严重心理问题的大学生给予一定程度的干预和矫治。预防性功能是通过宣传和普及心理健康教育知识，增强大学生的心理免疫力，帮助大学生调整心理状态，及时发现有心理问题倾向的学生并给予辅导与帮助。发展性功能旨在促进个体自身的发展和完善，提升大学生心理健康素质，帮助大学生解决遇到的各种发展性的心理困惑，塑造积极人格，培育健康心态，实现人生价值。

(五)心理健康教育由“育心”功能向“育人”功能深化

心理健康教育应从心理学角度探讨其“育心”功能,承担更多思想政治教育功能,凸显新时代高校心理育人的价值导向。心理育人不仅包括解决大学生存在的心理问题,还包括实现对大学生价值的引领。要着眼于大学生的心理发展,并从国家人才培养战略高度思考,引导大学生融入社会发展和国家建设中,成为有理想信念、有责任担当、心理素质过硬、道德品质高尚、掌握知识技能的时代新人。心理育人要突出社会主义核心价值观的引导,在心理育人过程中渗透社会主义核心价值观,坚持“育心”与“育人”相结合,引导大学生树立远大理想,形成正确的世界观、人生观和价值观,更好地实现育人的目标。

第二章 高等师范学校心理育人现状

进入新时代以来，高校心理育人稳步有序开展，相关理论日益深入，体系建构日趋完善，方式方法不断丰富，育人效果不断突出，积攒了较多宝贵经验。由于发展时间不长，存在诸多制约因素，高等师范学校心理育人在实际发展中仍面临着一些困境。

第一节 高等师范学校心理育人现状调查

一、问卷设计与编制

为了解高等师范学校心理育人的现状，本研究在国内外相关资料的基础上，根据《高校思想政治工作质量提升工程实施纲要》（教党〔2017〕62号）、《高等学校学生心理健康教育指导纲要》（教党〔2018〕41号）、《关于加快构建高校思想政治工作体系的意见》（教思政〔2020〕1号）、《关于加强学生心理健康管理工作的通知》（教思政厅函〔2021〕10号）等文件精神，结合当前高等师范学校心理育人的实际情况，设置问卷调查。初步拟定了问卷框架和内容，经过前期访谈和专家咨询，形成了初测问卷。随后进行了小规模预测，针对预测中遇到的问题，再次请教专家、心理教师、辅导员和思想政治理论课教师等，对问卷进行了修改和完善，最终编制了《高等师范学校心理育人模式调查问卷》（学生版）和《高等师范学校心理育人模式调查问卷》（教师版）两个问卷。经过3位专家的最终审定，进一步确保了问卷的内容效度。

二、问卷调查

此次问卷调查的开展，旨在全面而深入地了解高等师范学校心理育人工作现状。在当前教育环境下,心理育人工作对于师范生的成长与发展具有深远的影响。通过问卷调查的方式,可以更加精准地把握当前心理育人工作的实际情况,为后续工作提供有力的数据支持。

本次问卷调查从学生和教师两个角度出发,全面收集相关数据。对于学生而言,问卷内容涉及他们在校期间的心理状态、对心理育人工作的认知与感受,以及他们在面对心理问题时所采取的应对策略等。对于教师而言,问卷着重了解他们在心理育人工作中的实践经验、遇到的困难与挑战,以及他们对未来工作的期望与建议等。在收集到相关数据后,通过统计分析等方法深入挖掘心理育人工作存在的问题及其原因。例如:学生在面对学业压力、人际关系等问题时,缺乏有效的应对策略;教师在心理育人工作中,缺乏专业的知识和技能,导致工作效果不尽如人意。针对这些问题,我们将进一步分析其原因,从而为后续的改进工作提供有针对性的建议。

本次问卷调查旨在全面了解高等师范学校心理育人工作的现状,分析其存在的问题及原因,并提出有效的改进路径。这不仅有助于提升高等师范学校心理育人工作的质量,为培养乐教、懂教、善教的师范生提供明确的方向,同时也为整个教育行业的健康发展注入新的活力。通过对本次问卷调查进行深入分析,推进改进工作,我们期待能够构建一个更加完善、更加有效的心理育人工作体系,为师范生的成长与发展提供坚实的保障。

三、调查对象与调查方法

(一)调查对象

本次调查以株洲师范高等专科学校、湖南工业大学、衡阳师范学院三所学校中的685名在校师范生为调查对象,涉及学前教育、小学教育等十几个师范类专业,被调查对象的具体构成如表2-1所示。此次调查共发放685份问卷,回收672份问卷,其中有效问卷665份,问卷有效回收率为97.08%。在参与问卷调查的对象中,男生共计211人,占总数的31.73%,女生共计454人,占总数的68.27%。大一学生共计261,占人数的39.25%,大二学生共计

300，占总人数的45.11%，大三学生共计68，占总人数的10.23%，大四学生共计36人，占总人数的5.41%。

表2-1 被调查对象的构成情况表

	性别		年级			
	男	女	大一	大二	大三	大四
样本量	211	454	261	300	68	36
占比	31.73%	68.27%	39.25%	45.11%	10.23%	5.41%

（二）调查方法

《高等师范学校心理育人调查问卷（学生版）》主要通过问卷调查法，利用问卷星软件收集数据并分析。《高等师范学校心理育人调查问卷（教师版）》则采用个别访谈法，通过面对面、电话、微信或QQ以及线上视频会议等方式收集数据，深入了解高等师范学校心理育人工作现状。

第二节 高等师范学校心理育人现状调查结果分析

多年来，各高校根据《高等学校学生心理健康教育指导纲要》等相关文件精神，认真开展了一系列心理育人工作，取得了一定的育人效果。

一、高等师范学校大学生心理状况

（一）高等师范学校大学生心理状况整体积极向上

高等师范学校在推进心理育人工作方面取得了显著成果，对大学生的心理健康产生了积极的影响。调查数据显示，大学生的心理健康素养和整体状况表现良好、积极向上。如表2-2所示，在面对生活中的困难和挑战时，有32.05%的大学生完全能够保持自尊自信、理性平和、积极向上的心态。更令人欣慰的是，45.08%的学生在大部分时间里都能保持这种良好心态。换言之，高达77.13%的大学生具备较强的心理调适能力，能够在困境中保持积极心态。家庭是大学生成长的摇篮，调查显示，大多数大学生与父母关系良好。53.22%的学生表示与父母关系很好,33.79%的学生表示与父母关系较好,合计87.01%的学生与父母关系融洽。这一数据表明,绝大多数大学生在家庭中得到了良好的心理支持。在学校这个重要的人际交往场所,51.65%的学生认为保持良好的同学关系非常重要,37.21%的学生认为保持良好的同学关系比较重要,总计88.86%的大学生重视同学关系,这意味着他们在人际交往中能够积极调整自己,与他人建立和谐关系。从大学生自身角度看,43.15%的大学生认为自己的心理状况非常好,35.68%的大学生认为自己的心理状况较好。综合来看,78.83%的大学生对自己的心理健康状况有较为积极的评价。这表明,他们在不断自我成长的过程中,能够认识到心理健康的重要性,并积极关注自身的心理状况。

总之,高等师范学校在心理育人方面的努力,使得大部分大学生心理健康状况良好,心态积极向上。面对困难时,大多数大学生能够保持良好的心态。在家庭方面,大部分大学生与父母关系融洽,得到了良好的心理支持。在学校中,大学生重视同学关系,积极与他人建立和谐关系。大多数大学生对自己的心理健康状况有积极评价,他们怀揣着对教育事业的热爱和追求,怀揣着对未来的憧憬和期待,积极投身于学习和实践中。他们普遍具备较高的自我认知能力和情绪管理能力,能够理性地面对生活中的挑战和困难,与他人建立和谐的关系,并积极关注自身的心理健康。

表2–2 高等师范学校大学生心理状况调查情况表

内容	选项	占比	选项	占比
在日常生活及学习中,遇到困难时,您能保持自尊自信、理性平和、积极向上的心态吗?	完全可以	32.05%	大部分时候可以	45.08%
您和父母关系如何?	关系很好	53.22%	关系较好	33.79%
您认为维持良好的同学关系是否重要?	非常重要	51.65%	比较重要	37.21%
您觉得您现在的心理状况怎么样?	非常好	43.15%	较好	35.68%

(二)高等师范学校大学生心理状况少数存在偏差

尽管高等师范学校大学生的心理状况整体积极向上,但仍有少数学生存在心理偏差。这些偏差可能源于各种内外部因素,包括学业压力、人际关系、自我认知等方面。

在学业压力方面,有10.56%的大学生表示在面对学习困难时,有时会感到自卑和焦虑,缺乏积极应对的心态。这部分学生在面对学习挑战时,可能需要更多的心理支持和引导。

在人际关系上,虽然大部分大学生重视并努力维护良好的同学关系,但仍有5.34%的大学生表示与同学关系一般,甚至存在矛盾。这些大学生可能在人际交往中缺乏必要的沟通技巧或情绪管理能力,导致他们难以与他人建立和谐的关系。

从自我认知角度来看,有4.21%的大学生对自己的心理状况评价为一般或较差。这些学生对自己的心理健康状况缺乏信心,可能存在自卑、焦虑等负面情绪。他们可能需要更多的关注和帮助,以提高自我认知能力和情绪管理能力。

总的来说,高等师范学校大学生心理状况少数存在偏差,主要体现在学业压力、人际关系和自我认知等方面。学校应继续加强心理育人工作,提供更多的心理支持和引导,帮助大学生建立积极的心态和健康的心理环境。同时,大学生自身也应积极面对问题,寻求帮助和支持,努力提升自己的心理健康水平。

二、高等师范学校心理育人的成效与不足

(一)高等师范学校心理育人的成效

通过问卷调查、深度访谈等调研工作,发现高等师范学校在心理育人方面取得了一些成效。高等师范学校深刻认识到,心理育人是实现立德树人这一根本任务的重要环节,将心理育人与德育相结合,旨在培养具有良好心理素质和道德品质的时代新人。在此基础上,心理育人“五位一体”的

工作格局已初步形成,为心理育人工作的深入推进提供了有力保障。

从大学生的角度来看,大部分大学生对心理育人有所了解。如表2-3所示,仅有23.21%的大学生认为心理育人工作对他们有很大的帮助,36.12%的大学生认为比较有帮助。然而,令人担忧的是,还有5.8%的大学生认为心理育人工作没有给他们带来任何帮助。这一数据反映了高等师范学校心理育人工作虽然取得了一定成效,但仍然存在着诸多不足,亟待进一步改进和完善。

在心理育人的宣传方面,高等师范学校已经做出了不少努力。如表2-3所示,大部分大学生对心理健康基本知识有所了解,这说明学校的宣传工作做得相对较好。然而,我们也要看到,仍然有一部分大学生对心理健康知识缺乏了解,这表明宣传工作仍需进一步加强。高等师范学校应当加大对心理育人的宣传力度,通过举办讲座、开展活动等方式,让更多的大学生了解心理健康的重要性,提高他们的心理素养。

此外,心理健康课程作为传统心理教育方式之一,在大学生心理育人工作中扮演着重要的角色。调查结果显示,超过一半的学生对心理健康课程的效果表示满意。随着社会的快速发展和大学生心理需求的不断变化,我们要不断探索更适合当代大学生的心理教育方式,以收到更好的教学效果,完成育人目标。

虽然高等师范学校心理育人工作已经取得了一定的成效,但仍然存在诸多不足和挑战。我们要进一步加强对心理育人的宣传和普及工作,以全面提升大学生的心理素质和综合能力。只有这样,我们才能真正实现心理育人的目标,培养出更多健康、自信、有社会责任感的大学生。

表2-3 高等师范学校心理育人调查表

内容	选项	占比
大学生对心理育人的了解情况	非常了解	22.29%
	比较了解	35.01%
	一般	31.31%
	不够了解	9.21%
	完全不了解	2.18%

续表

内容	选项	占比
大学生对心理健康基本知识的了解情况	了解	26.12%
	了解一些	68.32%
	不了解	5.56%
心理育人对大学生的实际帮助	有很大帮助	23.21%
	比较有帮助	36.12%
	一般	27.31%
	帮助不大	7.56%
	没有帮助	5.80%
大学生对学校心理健康课程效果的评价	显著	16.32%
	较显著	36.87%
	一般	44.72%
	较差	2.09%

(二)高等师范学校心理育人的不足

如表2-4所示,尽管大部分高等师范学校已设立了心理咨询中心,但心理育人理念的普及程度仍然不够,不少大学生对于心理健康的重要性认识不足,对心理咨询持疑虑甚至抵触情绪。工作方法的单一性也是当前心理育人工作面临的一大挑战。目前,许多高校的心理育人工作主要依赖于心理讲座、个别咨询等形式,缺乏针对性,这导致心理育人工作在一定程度上显得刻板、单调,难以引起学生的共鸣。

表2-4 高等师范学校心理育人工作调查表

问题	选项	占比
您认为什么因素阻碍高校心理育人?(多选)	A.心理育人本身蕴含的价值不明确	28.64%
	B.教育者对心理育人的内涵与本质把握不清	21.96%
	C.国内外的环境复杂性	50.2%

续表

问题	选项	占比
您认为什么因素阻碍高校心理育人?(多选)	D.协同心理育人体系尚未构建	19.18%
	E.教育者自身能力素质	21.12%
	F.教育者难以把握学生心理行为变化规律	32.12%
	G.生命教育与心理健康教育的结合机制和路径不明确	51.12%
您是否开展过以下心理育人的实践?	A.心理咨询与辅导	9.44%
	B.处理学生心理危机	28.83%
	C.心理健康知识普及	23.23%
	D.上心理健康课程	21.15%
	E.跟学生谈话谈心	27.04%
	F.开展团体心理辅导	11.73%
	G.指导社团开展心理活动	22.96%
您认为目前心理育人氛围是否形成?	A.没有形成	29.8%
	B.只有专职教师孤军奋战	29.8%
	C.已经形成一定的氛围	23.8%
	D.不太清楚	16.6%

三、高等师范学校心理育人融合模式探究

当前,高等师范学校部分学生心理抗压能力差、心理问题频发、心理高危现象呈上升趋势,究其深层原因之一是生命意义感的缺失。提升生命意义感是解决这些问题的有益探索,通过生命教育问卷调查,借鉴国外生命教育成功经验,探索高等师范学校生命教育特色育人模式,为学生的健康成长保驾护航。

(一)高等师范学校生命教育现状

在本次调查中,预先设置生命教育的问卷,综合设计了25个典型问题,内容包括生命自主、生命态度、爱与关怀、存在感、死亡态度、生命经验、理想等。

1.开展生命教育的基本情况

表2–5 高等师范学校开展生命教育的情况统计表

调查的问题	选项	占比
学校开展生命教育的情况	A.偶尔	51.9%
	B.经常	42.4%
	C.从来没有	5.7%
遇到重要节日时,学校举行的活动(多选)	A.组织有关知识讲座	75.5%
	B.张贴条幅、标语	77.3%
	C.组织相关知识竞赛	95.3%
	D.播放相关影片或视频	82.1%
	E.没有组织任何活动	7.5%
在生命教育中获取知识的主要来源	A.家庭教育	44.3%
	B.教师讲授	42.5%
	C.网络	4.7%
	D.电视、报纸、杂志等大众传媒	4.7%
	E.社会宣传	3.8%
学校开展生命教育常用的方式(多选)	A.邀请校外人士来校举办讲座	39.6%
	B.组织学生开展校外考察	37.7%
	C.组织学生去图书馆阅览图书	23.6%
	D.学校与外界的联系很少	25.5%

根据表2–5,通过调查高等师范学校在生命教育方面的情况,认为学校从未开展生命教育的学生占参与调查学生总数的5.7%,认为学校偶尔开展生命教育的学生占参与调查学生总数的51.9%,认为学校经常开展生命教育的学生占参与调查学生总数的42.4%。

关于学校在重要节日时举行的活动,75.5%的学生认为学校组织了相关的知识讲座,有95.3%的学生认为学校组织了相关知识竞赛,77.3%的学生认为学校张贴了条幅、标语,有82.1%的学生认为学校播放了相关影片或视频,认为学校没有组织任何活动的学生占7.5%。

关于在生命教育中获取知识的主要来源，44.3%的学生认为通过家庭教育获得，42.5%的学生认为通过教师讲授获得，认为通过网络、大众传媒和社会宣传而获得知识的学生分别占4.7%、4.7%和3.8%。

关于学校开展生命教育所采取的方式，25.5%的学生认为学校与外界的联系很少，39.6%的学生认为学校经常邀请校外人士来校举办讲座，37.7%的学生认为学校经常组织学生开展校外考察，还有23.6%的学生认为是学校经常组织学生去图书馆阅览图书。

和教师进行访谈，多数教师感觉学生缺少生命意识，不具备逃生技巧与生存知识，不了解防范事故的应急措施等。根据上述调查结果，高等师范学校生命教育不足，之所以存在这种情况，是因为学校对生命教育的重视程度不够。

2.生命教育的相关课程

表2-6 与生命教育相关的课程调查表

选项	语、数、英	心理健康教育	专业课	班会	体育	政治思想课
占比	28.3%	12.3%	14.2%	57.5%	27.4%	55.7%

与生命教育相关的课程调查表如表2-6所示，有高于50%的学生认为班会与政治思想课和生命教育相关，其比例分别是57.5%与55.7%，认为语、数、英和生命教育相关的学生占总数的28.3%，有27.4%的学生认为体育和生命教育相关，仅有14.2%的学生认为专业课和生命教育相关。由此可知，在各门学科的教学中涉及生命教育的比例差距很大，说明生命教育在高等师范学校各个学科的日常教学中渗透不均匀。在和教师访谈时，在问及“现阶段学校组织了哪些和生命教育相关的专题教育？”的时候，教师提到的多是消防与交通安全的教育，而提到心理健康教育的较少。由此不难看出，学校在安排生命教育的内容时存在局限性。访谈中也有几位教师提出，除了各门学科的日常教学中要渗透生命教育的知识外，学校还可以设置一门单独的课程，给学生传授专业、全面、系统的生命知识，在课上还可以组织活动，让学生亲身体验，在体验中更好地感悟生命的可贵。

3. 生命教育的实施情况

表2-7 教师讲解生命知识的情况调查表

选项	经常讲	偶尔讲解	很少讲解	从没讲解
占比	26.4%	50.9%	16.0%	6.6%

教师讲解生命知识的情况调查表如表2-7所示，认为教师经常进行生命知识讲解的学生占总数的26.4%，约50.9%的学生认为教师只是偶尔进行生命知识的讲解，认为教师很少进行生命知识讲解的学生占总数的16.0%，认为教师从未进行生命知识讲解的学生占总数的6.6%。

在随机访谈时发现，开展生命教育的多是思想政治课教师，或者是由班主任在晨会课、班会课上进行。在被问及"若学校设置生命教育相关课程，您是否愿意进行授课?"的时候，部分教师表示非常乐意，部分教师表示会听从学校安排，也有部分教师不愿意参加，他们认为该课程和自身的专业无关。

根据调查情况可知，不管是学校还是教师，都没有足够重视生命教育，且生命教育的积极性也不是很高。在生命教育的教学工作上，教师缺乏专业的指导和培训。

4. 生命教育的实施途径

如表2-8所示，关于学校实施生命教育的主要途径，认为举办生命教育专题活动是实施生命教育的主要途径的学生占参与调查学生总数的33.0%，认为张贴相关的横幅、标语、海报是实施生命教育的主要方式的学生占总数的62.3%，有49.1% 的学生认为学校主要通过开展知识问答活动及演讲比赛来实施生命教育，还有60.4%的学生认为学校在实施生命教育主要是通过校报与墙报等媒介，认为主要在课堂上进行生命安全知识讲授的占42.5%，另有12.3%的学生认为学校未组织相关宣传活动。

关于生命教育的参与人员，认为主要由本校的学生和教师参与的占总数的56.6%，还有不到一半的学生认为有社会人士、家长及其他学校师生的参与。

表2-8 学校实施生命教育的主要途径调查表

问题	选项	占比
学校开展生命教育的宣传主要有哪些形式?(可多选)	A.举办生命教育专题活动	33.0%
	B.利用墙报、校报等媒介	60.4%
	C.张贴相关的横幅、标语、海报	62.3%
	D.开展知识问答活动及演讲比赛	49.1%
	E.课堂上教授生命安全等相关知识	42.5%
	F.学校未组织相关的宣传	12.3%
在开展生命教育相关的活动时,参与人员有哪些?	A.学生的家长	13.2%
	B.社会人士	17.9%
	C.其他学校师生	12.3%
	D.本校的学生与教师	56.6%
在学校实施生命教育时,家长和学校沟通的方式有哪些?	A.到校和老师面谈	52.8%
	B.利用网络与电话沟通	23.6%
	C.基本不联系学校	17.0%
	D.从不沟通	6.6%

关于家长和学校进行沟通的方式,在参与调查的学生中,认为家长可以与老师进行面对面直接沟通的学生占总数的50%以上。

由此可知,学校教师是施行生命教育的主要力量,不仅其他人员很少参与,而且参与途径较少。在访谈教师时,多数教师认为,课堂授课与课内外的一些活动是学校开展生命教育的主要途径。有的教师提出,应该探索更多生命教育的途径,可以通过专题教育、家庭教育、社区教育等校外力量来共同实施生命教育。

(二)高等师范学校生命教育现状实地访谈

高等师范学校是未来教育者的摇篮,更是生命教育的重地。为什么在国家对师范教育越来越重视的今天,学生却出现厌学、逃学,产生一系列的心理问题,甚至出现自伤或伤人的现象呢?

带着这些问题,笔者走访了湖南省三所师范院校的心理中心,通过和心理老师共同研究一些公共事例，发现了它们之间的共性：在学生层面，一部分00后师范生缺乏对生命最基本的敬畏，生命意识淡薄，心理问题凸显。在对待自我的生命态度，如理想、生命自主、存在感、爱与关怀、生命经验等方面较消极。在学校层面，高等师范学校心理健康教育工作在多方的努力和重视下，取得了一定的进展，但是很多学校把心理健康教育的重点放在个体的治疗和处理方面，而不是进行全面的预防，一味强调心理咨询技术和资质层面的内容，不能够做到就地取材，不能够灵活运用，忽视了生命教育更深远的内涵建设。学校的生命教育达不到面向全体、覆盖所有学生的目标，大多数学生没有从中得到教育和辅导，在遇到危机和困境时，既不能自我调适，也得不到有益的帮助，导致学生的生命意识淡薄。

第三节 高等师范学校心理育人存在的问题及缘由分析

一、高等师范学校心理育人存在的问题

通过问卷调查和访谈，发现大学生整体心理健康状况良好，但随着时代发展，新问题不断出现，高等师范学校心理育人面临诸多问题：设施不完善、宣传力度不足、育人形式偏重理论、实践活动缺乏、教师队伍专业性不足、预警方案实施不理想等。此外，高等师范学校对学生的调研不足，心理育人工作针对性不强，形式比较单调，导致学生感觉到枯燥乏味；一些活动流于表面，不够细致深入；等等。这些问题阻碍了高等师范学校心理育人质量的提升。

（一）全员全过程全方位的育人理念贯彻不彻底

“三全育人”即全员育人、全程育人、全方位育人，是《关于加强和改进新形势下高校思想政治工作的意见》中提出的坚持全员全过程全方位育人的要求。心理育人作为十大育人体系之一，蕴含着“三全育人”的教育理念，但在具体实践中，“三全育人”理念贯彻不彻底或没有得到有效落实。

1.心理育人主体存在一定角色缺位,全员参与意识不强

心理育人队伍不仅包括专职心理健康教师,还包括辅导员、专业课教师,以及行政管理人员在内的全体教职工。当前,心理育人教师主体相对单一,不同心理育人主体的优势还未得到发挥。大部分高校把心理健康教育的全部任务交给了心理健康课程的任课教师、心理健康教育专职教师、辅导员。虽然心理健康教育专职教师是心理育人的主体力量,辅导员是心理育人的重要辅助力量,他们的心理育人参与度较高,但是还有相当一部分教师甚至未听说过心理育人。除学工处、各学院学工干线等部门外,校内其他相关职能部门未能真正参与到心理育人工作中。其他专业课教师、行政管理部门没有意识到或忽视了自身应承担的心理育人的责任。如表2-9所示,当问及辅导员对学生的心理健康和思想状况是否重视时,选择“非常重视”的占32.29%,选择“比较重视”的占35.31%,两项合计67.60%,剩余32.40%的学生认为重视度不够。当问及专业课教师在课堂教学中是否会融入心理育人的相关内容时,认为“总是”的占26.12%,认为“经常”的占30.32%,两项合计56.44%,即有56.44%的学生认为专业课教师渗透心理育人的内容比较多,剩余43.56%的学生认为专业课教师融入心理育人的内容不多,选择“有时”的学生占25.56%,选择“偶尔”的学生占12.45%,选择“没有”的学生占5.55%。当问及在校期间是否受到来自行政、后勤、管理等其他部门的人文关怀或心理疏导时,认为“很多”的有23.21%,认为“比较多”占36.12%,两项共计59.33%,还有很多专职教师和行政管理人员,没有意识到或者忽视了自身应承担的心理育人责任。

表2-9 高校全员心理育人工作情况调查

问题	选项	占比
辅导员对学生的心理健康和思想状况是否重视	非常重视	32.29%
	比较重视	35.31%
	一般	21.11%
	不太重视	6.31%
	完全不重视	4.98%

续表

问题	选项	占比
专业课教师在课堂教学中是否会融入心理育人的相关内容	总是	26.12%
	经常	30.32%
	有时	25.56%
	偶尔	12.45%
	没有	5.55%
在校期间是否受到来自行政、后勤、管理等其他部门的人文关怀或心理疏导	很多	23.21%
	比较多	36.12%
	一般	27.31%
	不太多	7.56%
	没有	5.8%

不同心理育人主体难以合作和共享资源。高校心理育人资源分布调查显示，有71.03%的高校只有在学生出现严重心理问题时，才与家长共同探讨学生心理问题的解决办法。在实际工作中，各部门各自为政，缺乏沟通和互动，导致资源未能充分利用。家庭在心理育人中的作用有限，家校合作机制尚未建立，家长介入不及时，沟通困难。学校与家庭缺乏联动，家校协作处于探索阶段。心理育人需进一步延伸到家庭领域，发挥家庭的重要作用。就社会而言，社会相关部门和组织未能承担更多的社会心理服务，未能发挥对高校心理育人的助推作用。如何利用社会心理服务体系建设的契机，将高校心理育人向社会延伸和拓展，还有待进一步探索。

高等师范学校心理育人工作需要全体教职工、多个部门以及家长和社会的共同参与配合才能完成。高校要加强心理育人队伍的建设，提高全体教职工的心理育人意识和能力，形成全员参与的心理育人工作合力。同时，也需要加强不同部门之间的协同配合，共同推进高校心理育人工作的开展。

2.不同阶段的心理育人内容未能很好衔接

高等师范学校对大学生心理成长历程的关注不足，更多地关注那些面临心理困扰的学生。在实施心理辅导时，应该关注大学生在不同成长阶段的心理特征和表现，记录对他们的成长至关重要的经历和时刻。在必要的时候，学校要给予引导、支持和鼓励。例如，关注入学、社会实践、专业学习、毕业以及就业等关键阶段的心理疏导和指导。同时，当学生取得重要成就或者经历具有纪念意义的时刻时，尤其需要我们的关注，因为这些时刻是大学生心理成长中不可或缺的节点。心理育人的目标在于全面关注大学生的心理成长过程，然而目前明显存在关注不足的情况。

高等师范学校对大学生缺乏全程的心理跟踪和服务。从学生入校到毕业离校，学生心理档案缺失。同时，缺乏对接受心理干预学生的全程关注和关心，未能对其大学期间的心理动态变化进行全面跟踪和管理。此外，对有心理咨询服务需求的学生的关注程度也较低，有时未能及时辨识出需要帮助的学生，也未能及时提供有效的心理援助。高等师范学校对全体大学生心理成长过程的关注仍然不足，心理育人应该以积极的态度贯穿于大学生成长和发展的全过程。

如表2-10所示，在问卷调查中，当以学生所在年级为自变量，以辅导员或教师对学生的心理健康和思想状况是否重视为因变量，进行交叉分析，认为辅导员或教师非常重视的阶段依次是，大一（53.16%）、大二（51.13%）、大三（28.13%）、大四（21.80%）、学习（35.32%）、见习（21.32%）、实习（19.20%）、研习（12.13%）。可见，高校对刚入学的学生的心理健康状况十分关注，而对其他年级和阶段学生的心理健康状况关注度有所下降。在高校心理育人过程中，需要健全全过程育人的跟进机制。

表2-10 不同年级和阶段的学生心理状况受重视程度

年级和阶段	完全不重视	不太重视	一般	比较重视	非常重视
大一	0.77%	1.36%	12.32%	32.12%	53.16%
大二	1.31%	2.10%	12.31%	33.15	51.13%
大三	9.07%	9.23%	23.45%	30.12%	28.13%
大四	10.70%	11.06%	23.12%	33.32%	21.80%
学习	10.22%	12.30%	10.23%	31.90%	35.32%
见习	10.18%	19.23%	31.15%	18.12%	21.32%
实习	10.17%	27.10%	30.41%	13.12%	19.20%
研习	21.50%	35.80%	20.12%	10.45%	12.13%

3.心理育人全方位融入有待加强

心理育人与其他育人体系的有机融合有待加强。当前,心理育人未完全融入其他育人体系,心理育人价值在德智体美劳教育中的挖掘不完整。教师对各育人体系中蕴含的心理育人资源的认同度不同。各育人体系中都存在心理育人资源,但未得到有效利用。近三分之二的教师认为心理育人与其他育人体系融合不紧密,有较大发展空间。心理育人陷入瓶颈期,需全方位融入和拓展,以实现其价值。目前,高等师范学校心理育人在资源优化配置和合理利用方面存在问题。在人力资源上,各科教师缺乏沟通和协作,影响对学生整体状态的把控和心理育人价值的发挥;在组织资源上,各部门缺乏密切协作和统筹兼顾;在物质资源上,高校在"面子工程"上投入过多,心理育人的基础设施投入过少。高等师范学校应避免资源浪费并进行资源的有机整合和优化配置。

高等师范学校应在不同阶段设计不同主题的心理育人内容,实现心理育人全过程对接和全方位渗透;挖掘课程、科研、实践、文化、网络、管理、服务、资助、组织等育人体系的心理育人资源;构建一个自我教育、朋辈互助、学校协同、家校联动以及医院、社区联动的系统化心理育人运行体系,对出现问题倾向的学生及时给予全天候关心和一站式帮扶,形成齐抓共管的工作格局和责任网络。

(二)高等师范学校心理育人"五位一体"存在的问题

高校积极开展心理育人工作,构建了教育教学、实践活动、咨询服务、预防干预、平台保障"五位一体"的心理健康教育工作格局,但也存在一些问题。

1.大学生对教学的满意度低

如表2-11所示,当被问到"大学生心理健康"这门课目前的授课内容和授课方式时,只有22.29%的同学认为课堂丰富精彩,认为枯燥无聊的占35.01%,认为方式单一的占31.31%,不清楚、不关注的同学占9.21%,认为没有效果的占2.18%。可见,心理育人内容和方式存在问题,不能满足学生的需要,学校要引起足够的重视。首先,设计适合和满足学生心理需求的内容。如表2-11所示,目前大学生的心理困扰排在前五位的分别是学习压力(79.32%)、就业压力(57.56%)、经济压力(53.32%)、人际交往问题(45.12%)、适应焦虑问题(38.35%)。高校可增加相关内容的学习,以缓解学生压力,解决学生问题,提高课程满意度。其次,教学方式方法要灵活多样。教师应根据教学内容设计适合的教学方式,如根据不同学习主题,可选择活动分享式、深度体验式、情景建构式、话题探讨式等教学方式。

表2-11 课程授课内容和授课方式及大学生的心理困扰

内容	选项	占比
授课内容和授课方式	丰富精彩	22.29%
	枯燥无聊	35.01%
	方式单一	31.31%
	不清楚、不关注	9.21%
	没有效果	2.18%
大学生的心理困扰	学习压力	79.32%
	经济压力	53.32%
	就业压力	57.56%
	人际交往问题	45.12%
	适应焦虑问题	38.35%
	恋爱或感情问题	39.96%
	家庭问题	28.35%
	健康问题	18.09%
	其他问题	3.14%

2.实践活动不够丰富

实践活动是心理育人的重要载体,参加实践活动不仅能丰富学生的知识和情感体验,减轻学生压力,还能通过实践检验学习效果。如表2-12所示，当问及学校心理健康教育活动开展的频率时，认为学校总是开展、经常开展心理健康教育活动的占比分别是20.23%、32.86%，另有28.38%的学生认为学校有时会开展心理健康教育活动，4.26%的学生认为学校没有开展心理健康教育活动，14.27%的学生表示学校偶尔开展心理健康教育活动。总之，高校对心理健康教育活动重视度不够、活动开展较少。当问及学生对学校组织的心理健康教育活动是否感兴趣时，表示非常感兴趣的学生占26.32%，表示比较感兴趣的占32.17%，两项合计58.49%。11.67%的同学表示对活动的兴趣不高。由于学校心理健康教育活动开展较少，活动缺少吸引力，发挥的作用较小，心理健康教育活动对学生的吸引力有待提高。为适应新时代的要求和学生发展的需要，学校可开展更多的心理健康教育活动，以提高心理育人教育效果。

表2-12 学校心理健康教育活动开展的频率及学生的兴趣程度

内容	选项	占比
学校心理健康教育活动开展的频率	总是	20.23%
	经常	32.86%
	有时	28.38%
	偶尔	14.27%
	没有	4.26%
学生对学校组织的心理健康教育活动是否感兴趣	非常感兴趣	26.32%
	比较感兴趣	32.17%
	一般	29.84%
	不太感兴趣	9.35%
	完全不感兴趣	2.32%

3.心理咨询接纳度不高

如表2-13所示，当问及“遇到困难，心情特别不好时，您一般会怎么做？”时，选择最多的选项是“自我调节消化”，高达75.15%，其次是“向好友倾诉”，而选择“进行心理咨询”的比较少，只有19.31%。当问及“如果您不愿意寻求心理咨询的帮助，原因可能是什么？”时，选择最多的选项是“感觉去咨询也没有什么用”，占45.65%，其次是“不想麻烦别人”，占48.87%，选择“担心被身边其他人知道或被孤立”的占32.16%。可见，学校心理咨询服务的认可度和接纳度并不高，学校心理咨询服务的质量和水平有待提高。在问及“您更愿意通过哪种方式进行心理咨询？”时，愿意“在咨询室面对面咨询”的占24.31%，而愿意通过线上咨询、打电话、邮件或小程序、QQ或微信等方式进行咨询的合计占68.16%。科技的进步给学习和生活带来了便利，学校应该积极发挥网络的作用，推进线上咨询。同时，也要考虑面对面心理咨询的方式有哪些地方需要改进和加强，为大学生提供满意的服务。

表2–13 心理咨询接纳情况

问题	选项	占比
遇到困难，心情特别不好时，您一般会怎么做？	自我调节消化	75.15%
	向好友倾诉	73.45%
	向老师或者辅导员求助	43.78%
	进行心理咨询	19.31%
	曾经想过自杀	5.83%
	向朋辈心理互助员求助	5.12%
	其他	2.81%
如果您不愿意寻求心理咨询的帮助，原因可能是什么？	感觉去咨询也没有什么用	45.65%
	不想麻烦别人	48.87%
	担心被身边其他人知道或被孤立	32.16%
您更愿意通过哪种方式进行心理咨询？	线上咨询	36.30%
	在咨询室面对面咨询	24.31%
	打电话	9.10%
	邮件或小程序	4.09%
	QQ或者微信	18.67%
	其他	7.53%

4.平台保障不完善

如表2-14所示，当问及“您对学校的心理健康网络服务平台的感受如何？”时，选择“资源丰富，经常关注并学习”的占21.33%，选择“内容比较满意，偶尔会看看”的占35.64%，两项合计56.97%。选择“内容枯燥无聊，利用率不高”的占9.42%，选择“没关注，不清楚”的占1.19%，两项合计10.61%。当问及“学校心理健康咨询室或活动室等场地的硬件设施设备是否完备？”时，认为比较完备的占36.71%，认为十分完备的占15.14%，两项合计51.85%。23.37%的大学生认为学校心理健康咨询室或活动室等场地的硬件设施设备不太完备或不清楚。

表2-14 心理平台保障及配置情况

问题	选项	占比
您对学校的心理健康网络服务平台的感受如何？	资源丰富，经常关注并学习	21.33%
	内容比较满意，偶尔会看看	35.64%
	一般	32.42%
	内容枯燥无聊，利用率不高	9.42%
	没关注，不清楚	1.19%
学校心理健康咨询室或活动室等场地的硬件设施设备是否完备？	十分完备	15.14%
	比较完备	36.71%
	一般	23.12%
	不太完备	0.60%
	不清楚	22.77%

5.心理育人的预防干预工作有待加强

如表2-15所示，当问及“您所在学校是否建有四级预警防控体系？”时，回答“有”的占32.12%，回答“没有”的占7.89%，回答“没听说过，不太清楚”的占59.99%。当问及“学校心理普查后是否有反馈？”时，认为有反馈的占52.96%，剩余47.04%的学生认为没有反馈或者不清楚。可见，高校心理育人的预防干预工作仍有待加强。

表2-15 心理育人的预防干预工作情况

问题	选项	占比
您所在学校是否建有四级预警防控体系？	有	32.12%
	没有	7.89%
	没听说过，不太清楚	59.99%
学校心理普查后是否有反馈？	没有反馈	7.29%
	有反馈	52.96%
	不清楚	39.75%

6.心理育人队伍专业知识不足

如表2-16所示，当问及“您认为哪些因素影响学校心理育人的成效？”时，选择的前五项依次是“学生自身维护心理健康的意识和能力不足”“课堂教学内容、方法等缺乏新意”“学校不够重视”“宣传不到位”“教师育人队伍能力不足”。从这几个因素可以看出，教师育人队伍在教育教学、专业能力和育人意识等方面存在不足。对高校教师进行访谈，问及“您在开展心理健康教育相关教学活动时，常常存在哪些工作困扰？”时，有32.17%的教师表示，当他们发现学生存在心理困扰或者其他思想问题时，会和学生谈心，给学生一定程度的引导，但由于自己没有非常专业的心理学知识，对心理育人的内涵与本质把握不清。有26.32%的教师对心理育人本身蕴含的价值不明确。由此可见，高校心理育人队伍的专业知识不足，所达到的育人效果较弱。

表2-16 心理育人的预防干预工作情况

内容	答案选项	结果
您认为哪些因素影响学校心理育人的成效？	学校不够重视	34.65%
	学生自身维护心理健康的意识和能力不足	63.85%
	课堂教学内容、方法等缺乏新意	43.68%
	教师队伍育人能力不足	27.00%
	现代化信息技术未得到充分应用	22.48%

续表

内容	答案选项	结果
您认为哪些因素影响学校心理育人的成效?	育人环境及氛围不好	22.02%
	心理育人工作不贴合现实和日常	20.39%
	宣传不到位	27.35%
	心理咨询服务水平低	18.19%
	其他(请注明)	2.09%
您在开展心理健康教育相关教学活动时,常常存在哪些工作困扰?	对心理育人本身蕴含的价值不明确	26.32%
	对心理育人的内涵与本质把握不清	32.17%
	国内外环境的复杂性	23.12%
	协同心理育人体系尚未构建	35.65%
	难以把握学生思想心理行为变化规律	31.12%
	教育者自身能力素质	29.84%
	思想政治教育与心理健康教育结合机制和路径还不明确	19.35%

7.心理育人队伍主动性不强

相对于教师自身的事务性工作,大部分教师对学生的日常情况,包括对学生的心理关注度不高,缺乏主动性。教师或辅导员积极完成自身岗位要求的硬性的工作内容,这无可厚非,但是对学生的心理和思想状态不重视、不主动关注,会导致育人效果不佳。教师或辅导员不主动关心学生的日常,就很难深入到学生中去了解学生的心理和思想状态等,当有心理困扰或者问题的学生需要帮助时,往往得不到及时有效的疏导。

二、高等师范学校心理育人问题的缘由

(一)心理育人的环境错综复杂

我国正面临世界百年未有之大变局的挑战,国内外环境给高校心理育人带来极大挑战。特别是政治多极化、经济全球化、文化多样化和社会信息化,对大学生造成了心理冲击。

非主流意识形态和错误思潮的传播影响大学生的心态。市场经济带来功利主义，导致拜金主义、利己主义和享乐主义等消极价值观的形成，对大学生心理产生影响。多元文化影响大学生的个性心理特征和价值观，导致大学生的心理困惑和矛盾加剧。网络媒体的开放性、互动性和虚拟性，改变了信息交流与分享的模式，影响了大学生的生活方式和人际交往模式，使大学生出现各种心理问题。

（二）心理育人的理论研究不够深入

当前高校心理育人的价值越来越凸显，然而长期以来，对心理育人的理论研究略显不足，缺乏对心理育人规律的认识。

心理育人的系统性研究不足。高等师范学校在心理育人方面缺乏充足的实践经验，理论研究不足。例如，在功能定位、理论体系构建以及实践应用等方面的研究较为有限，缺乏深度和广度。心理育人研究更偏向于问题解决模式，其系统性、科学性亟待提高。

对心理育人规律的认识不深。规律是对事物发展本质的认识，探索和遵循心理育人规律是提高心理育人效果的前提和基础。新时代大学生的心理特征、思想动态和行为表现都在发生变化，教育者应积极探索新时代背景下高校心理育人的规律。虽然高校心理育人正在深入发展，但高校思想政治教育工作者对心理育人的本质与规律仍然缺乏深刻认识和把握。因此，需要加强对心理育人规律的研究和探索，以提高教育者和受教育者的心理育人认识和应用水平。

（三）教育者心理育人能力相对不足

心理育人教师队伍由学校心理健康教育专职教师主导，辅导员、班主任、专业课教师、思想政治理论课教师、班导师和行政人员共同组成。每个育人主体都应具备多元的育人能力，需要具备专业的心理育人知识，不断提升心理育人能力。

目前，高校对心理育人教师队伍的培训力度不断加大，心理健康教育专职教师和辅导员的心理育人意识和能力有所提高，但其他人员如行政人员、思想政治理论课教师或专业课教师的心理育人认识仍较淡薄。调查显示，21.31%的教师能够有意识开展心理育人工作，但仍有30.09%的教师未开展或不太了解心理育人工作，33.12%的教师能有效在学生群体中普及心理健康知识。

心理育人教师的胜任力不足。如表2-17所示，心理健康教育专职教师的心理育人能力认可度最高，为74.95%，其他行政人员的认可度最低，为12.02%。在心理育人工作中，教师认为自己比较胜任的前三项是与学生谈话谈心、心理健康知识普及、心理咨询与辅导，而处理学生的心理危机则是最后一项。大部分教师认为，只有心理健康教育专职教师才能胜任心理育人工作，而其他人员的胜任力期待较低。心理健康教育专职教师存在专业能力相对不足的情况，其专业能力还有较大的提升空间。心理育人是一项专业性很强的工作，心理健康教育专职教师的专业知识能力还有待进一步提高。心理健康教育专职教师外出学习培训的机会较少，参加心理督导的时间相对较少，应对心理危机的能力比较欠缺，心理咨询成效有待进一步提升。

表2-17 心理育人教师胜任力情况

内容	选项	占比
以下人员是否胜任心理育人工作？	心理健康教育专职教师	74.95%
	心理课程专任教师	53.95%
	辅导员或政工队伍	43.68%
	其他行政人员	12.02%
	学生朋辈	22.48%
	班主任或导师	21.09%
您是否可以胜任以下心理育人工作？	心理咨询与辅导	26.32%
	处理学生的心理危机	2.17%
	心理健康知识普及	33.12%
	上心理健康课程	11.65%

续表

内容	选项	占比
您是否可以胜任以下心理育人工作?	与学生谈话谈心	48.12%
	开展团体心理辅导	9.84%
	指导社团组织开展心理教育活动	10.13%
	在学生工作中渗透心理教育	21.31%
	在学生工作中渗透生命教育	13.52%

(四)大学生心理健康问题形势严峻

社会经济的发展、人们生活方式的改变和社会竞争压力的加大在很大程度上影响当代大学生的心理健康,使得大学生心理健康问题形势严峻,给心理育人带来挑战。心理育人工作者要正视大学生心理健康问题的严重性,深入了解其发展趋势和特点,为制定有针对性的心理育人策略提供依据。

为准确了解大学生心理健康的变化趋势,以某高校2014年至2020年间34916名大学生新生的心理健康普查数据结果分析大学生心理健康变化的轨迹。分析结果显示,近年来大学生心理健康问题呈现增长趋势,如强迫、抑郁、焦虑等症状逐渐增多。这些心理健康问题给高校心理育人工作带来了极大挑战,教育工作者要高度重视大学生心理健康问题,并关注其发展特点和趋势。

大学生心理问题和价值观问题交织在一起,使得心理健康问题更加复杂化。如“空心病”现象,即价值观缺陷导致的心理障碍,症状为觉得人生毫无意义,对生活感到十分迷茫,不知道自己想要什么。疲惫、孤独、情绪差,感觉学习和生活没有什么意义。人生看不到希望,终日重复没有结果,生活迷茫,对未来没有任何希望,存在感缺失,身心被掏空。“空心病”现象是近年来存在于大学生中的一种心理健康问题,其根源在于理想信念、价值取向的偏差或缺失。价值观迷茫和冲突是造成大学生产生“空心病”的重要原因之一。教育工作者要关注大学生的心理健康教育,引导他们树立正确的世界观、人生观和价值观。

随着社会变革,大学生面临的心理压力不断增大,心理问题呈现多样化、复杂化的趋势。如人际关系敏感、抑郁、焦虑等,这些都给心理育人工作带来了困难。教育工作者要不断提升自身的心理育人能力,关注大学生的心理需求,针对不同性别、专业特点,制定有针对性的心理育人策略。

教育工作者在心理育人方面的能力相对不足,也是影响心理育人效果的一个重要因素。调查显示,许多教师在处理大学生心理问题和价值观问题时,往往对问题的本质根源认识不到位,容易把心理问题和价值观问题混淆。因此,提高教育者的心理育人能力成为当务之急。

第三章 高等师范学校心理育人策略

高等师范学校心理育人应以生命教育为基点，给身体加氧，为心理赋能；以体育项目为依托，通过课堂教学、社团活动、课余竞赛三结合，不断扩大“以体育人”平台；以学习、见习、实习和研习为主要模块，根据大学生所处不同阶段和身心发展特点设计不同主题的心理育人内容，保证心理育人教育不断线。高等师范学校心理育人应以培育师范生心理素养为切入点，共建机制，共管平台，共享资源，形成育人导向鲜明、层级职责清晰、工作保障有力的育心与育德相结合工作体系，构建心理育人新生态。

第一节 生命教育引路

高等师范学校心理育人应以生命教育串联和深化心理健康教育内容，不断优化课程教学和活动逻辑，实现提升学生心理素养、综合素质和生命能量的教育目标。引导学生“认识生命—尊重生命—丰盈生命”，满足师范生对生命教育的需要，帮助师范生树立正确的生命教育观。

一、生命教育概述

生命教育自20世纪90年代在我国兴起，旨在应对自杀、伤害他人和意外事故等问题。冯建军和阎光才主张教育应深入生命本质，尊重和促进人的全面发展。檀传宝批评了三种错误的生命教育方法。大学生虽理解生命，但存在异化现象，部分原因是社会功利化和家庭教育问题。李强探讨如何让大学生回归生命本质，实现和谐发展。金鹏强调生命教育的德育功能和其重要性。学者们关注物质丰富与精神颓废的矛盾，并从生命教育角度进行思考和探索。尽管面临挑战，大学生的生命教育仍需建立科学、实用的理论基础。

(一)生命教育的内涵

生命教育起源于西方,现已成为中国教育体系的一部分,旨在通过体验活动激发对生命的热爱和尊重。尽管学者们对生命教育的定义尚未统一,但普遍认同其关注生命的意义、价值和尊严。生命教育的内涵可以从多个学科角度进行解释,如伦理学、医学等,且有广义和狭义之分。本研究侧重于狭义的生命教育,即在学校中进行的教育活动,目的是帮助学生认识、珍惜生命,并引导他们树立积极的生命态度。高校生命教育的内涵强调形成正确的生命价值观,关心学生的安全和心理健康,并通过共情和体验促进学生的相互理解和成长。

(二)生命教育的特征

生命教育的特征包括:系统性与整体性,强调教育者和教育对象的多方面联系和整体性;主体性与创造性,强调教育对象主动接受教育,满足自身成长需要;阶段性与层次性,根据教育对象的不同阶段和层次设计教育内容;渗透性与体验性,通过课程和社会实践让学生体验生命教育;社会性与文化性,关注社会制度和文化对教育的影响;长期性与长效性,强调生命教育的持续性和对个人及社会的深远影响。生命教育在中国教育体系中占有重要地位,需要学校、家庭、社会共同努力,为培养具有全面素质的公民和推动教育事业发展创造良好环境。

(三)生命教育的理论依据

生命教育和其他一切教育形式一样,需要理论基础和思想支撑。

1.马克思主义生命哲学

马克思主义生命哲学是高校生命教育的理论基础,它强调人的生命本质是自然性与社会性的统一,人的生产生活是在特定的历史条件下进行的,通过社会合作和劳动实践进行交往,形成紧密的社会关联。人的自由全面发展学说是马克思主义生命哲学的重要体现,它以自我实现为出发点,寻求“可再生”的生活状态。自由全面发展强调人在生存状况中的个性、能力、知识的整合与开发的协调性、充分性、广泛性,是人的自然素质、社会素质和精神素质的共同提高。马克思主义生命观是重要的生命教育资源,对大学生进行马克思主义生命观教育是我国高校思想政治教育工作的必要内容。坚持马克思主义生命观的宏观引领,对大学生进行生命教育,引导大学生树立积极正确的价值观,提高大学生的心理健康水平,预防极端危机事件发生,符合培养大学生成为时代新人和有理想、有本领、有担当的社会主义事业的合格建设者与可靠接班人的目标要求。

2. 西方近代生命哲学思想

生命哲学是在多种思想的影响下形成的,包括叔本华的生命意志论、尼采的权力意志论、达尔文的生物进化论、斯宾塞的生命进化学说、居约的生命道德学说等。这些思想共同构成了生命哲学的基础,使其成为一种试图用生命的发生和发展来解释宇宙、知识或经验基础的唯心主义学说或思潮。生命哲学的核心观点是生命本体论和生成与变化,认为生命是一种最直接、最真实的存在,是世界万物共有的本质属性;强调世界是一个不断生成、不断变化的过程,而生命则是这一过程的核心和动力;认为人不仅仅是自然界的一部分,更是生命的创造者和体现者。他们强调人的主体性和创造性,鼓励人们积极追求自我实现和价值提升。尽管生命哲学存在争议和局限性,但其为哲学研究提供了新的视角和方法,也为人们理解生命和世界提供了新的思路和启示。

3. 中国传统生死哲学观

中国古代思想家对生命有深入的解读。从儒家到道家,传统文化中充盈着对生命的思索。儒家强调敬畏生命,认为生死有命,生命的产生与终结是自然过程,需要坦然面对。儒家重视生命的价值,提出通过修身、齐家、治国、平天下实现人生价值。道家则以自然观论生死，认为人的生存要遵循自然规律。道家提倡养生之道，认为名利是身外之物，珍视生命本身，主张摆脱现实环境和物质条件的束缚，追求精神自由。佛家也有对生命的解读，强调爱护生命、众生平等。现代生命教育需汲取这些传统思想的精髓，并借鉴传统的教学方法论。传统生死哲学观为高校生命教育提供了重要的思想支撑，也为现代生命教育提供了行之有效的教学方法论。

二、高等师范学校生命教育

高等师范学校作为培养未来教育工作者的摇篮，其生命教育的理论与实践显得尤为重要。然而，生命教育在我国尚处于起步阶段，许多理论和实践问题亟待解决。本研究旨在借鉴国内外生命教育的理论成果，以期为高等师范学校生命教育的发展提供借鉴和启示。在哲学层面，生命教育强调对生命的敬畏与尊重，认为生命是宇宙间最宝贵的存在，应当得到充分的关注和呵护。在社会学层面，生命教育关注个体与社会的互动关系，强调个体在社会中的责任与担当。在教育学层面，生命教育注重教育过程中对生命成长的引导与促进，致力于培养具有健全人格和高度社会责任感的未来公民。国内外生命教育的理论成果为高等师范学校生命教育提供了理论指导。面对时代挑战，应不断丰富和发展生命教育的理论体系，积极探索生命教育的实践路径，为我国高等师范学校生命教育的发展提供有力支持。

(一)以生命教育进行心理育人

生命教育和心理育人虽然都是教育领域的重要方面，但它们在教育目标、内容和方法上存在明显的区别，同时也有着紧密的联系。在全球化、信息化和科技化的背景下，学生面临诸多挑战。尽管心理健康教育已经取得明显成效，但生命伤害事件仍频发。这些事件源于教育中的“生命空场”现象，个体生命意识淡漠、生命道德认知不清和生命意义感丧失是重要导火索，仅进行心理健康教育难以满足学生生命健康成长的需要，需要进行生命意义和价值的引导。

1.生命教育与心理育人的区别

在教育目标方面:生命教育侧重于引导学生正确认识生命、珍爱生命、尊重生命和热爱生命,帮助学生理解生命的本质和意义,提升生命价值。其核心目标在于通过生命管理,让每个人都能实现自我生命的最大价值。心理育人更专注于学生的心理素质和健康发展,通过心理学知识和方法,关注学生的心理需求和发展,旨在促进学生全面成长和心理健康。其目标包括培养学生的自我认知能力、情绪调节能力、人际交往能力、问题解决能力等,以更好地适应社会生活以及面对各种挑战。

在教育内容方面:生命教育内容广泛,涵盖生命意识教育、生命态度教育、生命情感教育、生命价值教育等多个方面,涉及生命的起源、发展、消亡等基本知识,以及生命与社会、自然的关系,引导学生深入思考生命的意义和价值。心理育人则主要围绕学生的心理需求和发展展开,包括心理卫生、学习生活、人际关系、职业选择等多方面的指导和教育。心理育人侧重于帮助学生解决心理问题,提升心理健康水平,促进心理成长。

教育方法方面:生命教育更加重视学生的体验活动,通过实践活动、案例分析、角色扮演等方式,让学生在亲身体验中感受生命的奇妙和多样,理解生命的价值和意义。心理育人则侧重于心理理论教育和实践应用相结合,通过普及心理学知识、心理咨询、心理辅导等方式,帮助学生掌握心理调适的方法和技巧,提升学生的心理素质。

2.生命教育与心理育人的联系

生命教育和心理育人在教育目标、教育内容和教育方法上存在差异,但它们之间也存在着紧密的联系和协同作用。教育者应该根据学生的实际情况和需求,灵活运用这两种教育方式和策略,为学生的全面发展和健康成长提供有力支持。

生命教育和心理育人在目标上具有一致性,都旨在促进学生的全面发展,关注学生的生命质量和心理健康。生命教育强调直面生命和人的生死问题,而心理育人则通过心理健康教育来实现育人目的,两者都关注人的内心世界和生命体验。

生命教育和心理育人具有互补性。生命教育为学生提供了关于生命的基本知识和价值观引导,而心理育人则通过心理学知识和方法帮助学生更好地应对生活中的挑战和问题。两者结合可以更好地促进学生的心理健康和生命成长。

生命教育和心理育人需要协同作用,共同发挥育人效果。在实际教育过程中,教育者可以根据学生的实际情况和需求,灵活运用生命教育和心理育人的方法和策略,为学生提供更加全面和有效的教育支持。

生命教育和心理育人理念契合。生命教育在心理育人方面发挥着至关重要的作用,它通过引导学生深入理解和体验生命的意义与价值,进而促进他们形成积极的心理品质和心理素养。

(二)生命教育与心理健康教育的联系

1.教育目标的共通性

心理健康教育的目的在于培养个体良好的心理素质,增强心理适应能力和心理调节能力,预防和解决心理问题,从而维护个体的心理健康。心理健康教育关注个体的内心世界,帮助个体建立积极的自我概念,形成健全的人格,提高情绪管理能力,促进个体在社会生活中和谐发展。生命教育关注人的生命全过程,促进人的生命发展,提升人的生命质量。生命教育涵盖生命的起源、成长、成熟、衰老和死亡的自然过程,还涉及人的生命尊严、价值、意义等深层次问题,其核心在于引导个体理解生命的珍贵和独特性,学会尊重生命、珍惜生命、热爱生命,并积极创造生命的价值。

2.教育内容的互补性

心理健康教育涉及心理卫生、学习生活、人际关系、职业选择、心理障碍、行为异常等多方面的指导和教育。生命教育则包括生命意识的教育、生命态度的教育、生命情感的教育、生命价值的教育等内容。生命教育在实施过程中，不可避免地涉及心理要素。个体在面对生命挑战和困境时，需要具备良好的心理素质和心理调节能力，才能积极应对并克服困难。同时，心理健康教育在培养个体心理素质的过程中，也需要引导个体形成正确的生命观，理解生命的珍贵和独特性，从而更加珍视自己的生命，积极追求生命的价值和意义，在关注自身心理健康的同时，更加深入地理解生命的本质和价值，从而实现身心健康全面发展。

3.教育方法的多样性

心理健康教育主要通过开设专门的心理教育课程、在其他课程教学中渗透心理健康教育、组织宣传教育活动以及发挥心理咨询中心的作用等开展。生命教育则可能通过开设生命教育课程、在校园文化活动或社会实践活动中以宣传和体验等方式进行。生命教育和心理健康教育都可以采用多种教育方法和途径实施。例如，可以通过课堂教学、主题活动、社会实践等方式进行教育。同时，还可以利用心理咨询、心理测评等方式为个体提供心理支持和帮助。多样化的教育方法可以满足不同学生的需求，提高教育的针对性和实效性。

4.教育资源的整合性

在实施生命教育和心理健康教育的过程中，可以充分利用学校、家庭、社会等各方面的教育资源。学校可以组织专家讲座、心理健康教育活动周等活动进行生命教育和心理健康教育；家庭可以通过亲子沟通、共同阅读等方式进行生命教育和心理健康教育；社会可以通过媒体宣传、公益活动等方式营造良好的教育氛围。这种教育资源的整合性有助于形成教育合力，提高教育效果。

5.社会需求的紧迫性

当前，社会竞争加剧，生活节奏加快，青少年面临越来越多的心理压力和挑战。生命教育和心理健康教育可以帮助青少年树立正确的生命观和价值观，提高心理素质和适应能力，预防心理问题的发生和发展，促进青少年健康成长和全面发展。生命教育和心理健康教育在理念上具有高度的契合性。两者都关注个体的全面发展,致力于提升个体的心理素质和生命质量。生命教育强调认识生命、珍惜生命、尊重生命、热爱生命,而心理健康教育则注重培养个体良好的心理素质,提高心理适应能力和心理调节能力。将生命教育融入心理健康教育中,可以使学生在关注自身心理健康的同时,更加深入地理解生命的本质和价值,从而实现身心健康全面发展。

(三)作为个体的生命教育与作为未来教育者的生命教育

1.作为个体的生命教育

有学者提出,生命教育的内涵是遵循学生身心发展规律,立足发展学生核心素养,全面提升学生的生命质量和终生发展能力。教育部发布《中国学生发展核心素养》,明确“健康生活”为核心素养,“理解生命”“珍爱生命”和“提升生命”为重要指标。刘慧指出,生命教育是以生命为基点,培养生命意识和智慧,引导个体追求生命价值的活动。王北生和赵云红认为,生命教育是通过优良的教育方式,唤醒生命意识、启迪精神世界、开发生命潜能、提升生命质量。刘济良认为,生命教育是对学生整个生命过程进行完整性、人文性的生命意识的培养,引导学生认识和追求生命意义。冯建军认为,生命教育主要是教育人们认识、保护、珍爱、欣赏生命,探索生命意义,实现生命价值。罗楚春认为,生命教育是指尊重生命主体,为其创设良好的环境和条件,促进其全面、和谐、主动、健康发展的教育。

2.作为未来教育者的生命教育

作为未来教育者,其自身的生命态度和生命教育素养也是至关重要的,这是个体自我实现和自我超越的要求。每一个体都需要领悟生命、尊重生命、追求生命,体现出个人的生命力量。领悟生命意义意味着个体能够以科学的视角看待生命世界的真实与未来发展的趋势。师范生要理解个体处于浩瀚的宇宙中何其渺小,在无尽的历史长河中何其短暂,而个体可以利用自身力量或者凝结群体的力量能动地改造世界,从而突破时间和空间的局限性。当师范生能够领悟生命的局限,便能敬畏生死,直面生死。同样地,这份对生命的虔诚也会自觉加强师范生对教育事业的担当。

(四)师范生生命教育的目标

生命教育的目标是唤醒生命意识、培育生命意志和涵养生命智慧。具体来说,生命教育要帮助学生关爱自己的自然生命、认清自己与其他生命的关系,以及关爱他人的生命。同时,要培养学生的心理素质和应对挫折的能力,形成忧患意识。冯建军将关于生命教育的解释分为两类:一类是以叶澜、黄克剑、张文质等人为代表的人文关怀的生命实践教育,强调尊重生命主体,为其创设生动活泼的环境和条件,以促进生命主体全面、主动、和谐、健康发展;另一类是刘济良、王北生、张美云等人所倡导的,将生命教育视为教人认识生命、保护生命、珍爱生命、欣赏生命,探索生命的意义,实现生命价值的活动,其核心是珍惜生命、注重生命质量、凸显生命价值。本研究采用冯建军所说的第一种观点,认为生命教育应创造条件促进个体生命发展。

生命教育是指通过认识生命的起源、发展和终结,从而认识生命、理解生命、欣赏生命、尊重生命、珍惜生命,树立积极乐观的人生观,促进学生均衡发展。高等师范学校培养的师范生是未来教育的主导者,师范生的生命观直接影响着我国的教育事业,从而影响国家的未来和希望。

1.师范生生命教育的现状

近年来,随着教育理念的不断深化与发展,生命教育在师范教育中逐渐得到重视。然而,高等师范学校仍然面临诸多问题和挑战。

从理论层面来看,关于师范生生命教育的理论研究尚显不足。尽管生命教育的重要性已经得到了广泛认可,但相关的理论研究却未能跟上步伐。目前,关于师范生生命教育的理论体系尚不完备,缺乏系统性、深入性和全面性的研究,在实践过程中往往缺乏明确的指导方向,难以形成统一的教育理念和目标。

从实践层面来看,生命教育在师范生培养中的实施情况并不理想。在实际教学中，生命教育往往被边缘化或忽视，未能得到充分的重视和关注。这可能与部分师范院校的教育资源有限、教师水平参差不齐以及传统教育观念的束缚有关。高等师范学校需要在实践中不断探索和完善生命教育的实施方式，确保其能够在师范生培养中发挥应有的作用。

此外，师范生对生命教育的认知与重视程度参差不齐。由于生命教育在师范教育中的普及程度不够，部分师范生对生命教育的内涵、意义和价值缺乏深入的了解和认识，导致他们在学习过程中对生命教育的重视和关注不够，难以将生命教育的理念融入自己的教学实践中。

2.提高师范生的生命意识

泰戈尔认为，教育的目的是传递生命的气息，教育不仅是一种文化传承活动，更是一种唤起人们生命意识、启迪精神世界、构建生活方式、实现生命价值的活动。高等师范学校作为实施生命教育的重要机构，应为大学生提供交往、学习、思考和实践的氛围与场所，促进师范生对自我的认知和思考，提升其对生命本质、内涵、意义的理解。开展生命教育，有助于师范生自然生命、社会生命、精神生命的全面发展，同时也是培养师范生教师职业基本能力的重要前提。

有调查显示，师范生的生命观整体上积极，但存在类别差异；师范生修习生命教育课程的意愿较强，偏爱生命体验活动；师范生生命教育课程多为选修课，且课程的宣传力度不足。开展生命教育不仅是社会发展和应对突发重大公共卫生事件的客观需要，更是师范生的主观需求。高等师范学校需创造条件，注重个性化需求、依托现实生活、坚守课程主阵地，将师范生的生命教育真正落到实处。

（五）师范生生命教育的内容

高等师范学校应在心理学的支撑下，从学科教学、专题教育、课外活动等方面全面推进生命教育。高等师范学校应开展生命教育的学科教学体系研究，探究学科内容，整合课程资源，探求生命教育的途径，落实课堂主阵地。开展生命教育的专题教育活动体系研究,夯实心理辅导基础,优化校园人文环境,营造快乐成长氛围。开展生命教育的课外活动体系研究,组织团队活动,搭建培养生命意识的舞台;开展社团活动,使之成为学生体验生命的载体;挖掘家长、社区教育资源,利用基地提升生命价值。

三、高等师范学校心理育人的思路

(一)"三结合"的协同联动机制

为了进一步推动心理健康教育和生命教育的发展,提出了创新的工作机制,旨在通过多种途径和方法,全面提升心理健康教育和生命教育的质量和效果。具体来说,即采取"三结合"的协同联动机制,通过行政推动、专业指导和全面执行的有机结合,有效解决管理层面的问题。行政推动确保了政策和资源的支持,专业指导提供了科学方法和理论支持,全面执行则确保了各项措施能够落到实处。

1.行政推动

政策制定与支持:学校行政层面负责制定相关政策和制度,为心理健康教育和生命教育提供坚实的政策保障。这些政策应明确教育目标、内容、方法以及评估标准,确保教育工作的有序进行。

资源调配与投入:行政推动还体现在资源的有效调配和合理投入上。学校应确保心理健康教育和生命教育所需的师资、经费、场地等资源的充足,为教育工作的顺利开展提供有力支持。

监督与评估:行政部门负责对心理健康教育和生命教育的实施情况进行监督和评估,确保教育质量和效果。通过定期的检查、反馈和整改,推动教育工作的持续改进。

2.专业指导

理论指导:依托心理学、教育学等相关学科的专业知识,为心理健康教育和生命教育提供科学的理论指导。通过组织专家讲座、研讨会等形式,提升教师的专业素养和教学能力。

方法创新:鼓励和支持教师在教学实践中探索和创新教育方法,结合学生实际需求和特点,采用多样化的教学手段和策略,提高教育的针对性和实效性。

心理咨询与干预:建立专业的心理咨询与干预体系,为学生提供及时、有效的心理支持和帮助。通过个别咨询、团体辅导、危机干预等方式,帮助学生解决心理问题,促进其健康成长。

3.全面执行

课程与教学:将心理健康教育和生命教育纳入学校课程体系,确保每位学生都能接受到系统的教育。通过开设相关课程、举办专题讲座等形式,普及心理健康和生命知识,提高学生的心理素质和生命意识。

校园文化与活动:营造积极向上的校园文化氛围,通过举办心理健康教育月、生命教育周等活动,增强学生的参与感和体验感。同时,利用校园广播、网络、宣传栏等媒介,广泛宣传心理健康和生命教育理念,形成全校共同关注和支持的良好氛围。

家校合作:加强与家长的沟通与合作,共同关注学生的心理健康和生命教育。通过家长会、家访等形式,向家长传授相关知识和技能,帮助家长更好地理解和支持孩子的成长和发展。同时,鼓励家长积极参与学校的教育活动,形成家校共育的良好局面。

"三结合"的协同联动机制在高等师范院校心理育人工作中发挥着重要作用。通过行政推动、专业指导和全面执行的有机结合,可以更好地整合资源、形成合力,推动心理健康教育和生命教育的深入发展,为学生的全面发展奠定坚实基础。同时,"三结合"的协同联动机制能够更好地适应不同学校和学生的具体需求,提供更加个性化和有针对性的教育方案,为高等师范学校的心理育人工作提供更加有力的支持,促进学生的全面发展。

(二)"三途径"的全面促进机制

通过检查督导、科研引领和典型示范三种方式,全面推动心理健康教育和生命教育的普及。检查督导确保了各项工作的规范性和有效性，科研引领通过科学研究为教育实践提供指导和支持，典型示范则通过树立榜样，激励和引导更多的学校和教师参与到心理健康教育和生命教育中来。“三途径”的全面促进机制在推动心理健康教育和生命教育的普及中扮演着关键角色。

1.检查督导机制

规范化管理：通过定期或不定期的检查督导，确保各学校和教师按照既定政策、制度和标准开展心理健康教育和生命教育工作。检查内容涵盖教学计划、课程实施、师资配备、资源配置等方面，确保工作的规范性和有效性。

问题反馈与整改：在检查过程中，及时发现存在的问题和不足，并通过反馈机制向相关学校和教师提出具体的整改意见和建议。同时，跟踪整改落实情况，确保问题得到有效解决。

激励与约束：将检查结果与奖惩机制相结合，对表现突出的学校和教师进行表彰和奖励，对存在问题的学校和教师进行督促和指导。通过激励与约束相结合的方式，激发各学校和教师的工作积极性和责任心。

2.科研引领机制

理论研究：鼓励和支持专家学者开展心理健康教育和生命教育的理论研究，探索教育规律，提出新的教育理念和方法。通过理论研究，为教育实践提供科学的指导和支持。

实证研究：开展实证研究，验证理论研究成果的可行性和有效性。通过实践中的数据收集和分析，发现教育实践中存在的问题和瓶颈，为改进教育工作提供实证依据。

成果推广：将研究成果及时转化为教学资源和教育产品，通过培训、讲座、出版物等形式，向广大教师和教育工作者推广和应用。同时，建立科研成果交流平台，促进学术界的交流与合作。

3.典型示范机制

树立榜样:通过评选和表彰在心理健康教育和生命教育工作中表现突出的学校和教师,树立先进典型和榜样。这些典型和榜样应具有一定的代表性和可复制性,能够为广大教师和教育工作者提供可借鉴的经验和做法。

经验分享:组织典型示范学校和教师进行交流分享活动,分享他们在教育实践中取得的成功经验和做法。通过经验分享,促进各学校和教师之间的相互学习和借鉴,提高整体教育水平。

辐射带动:发挥典型示范的辐射带动作用,激励和引导更多的学校和教师参与到心理健康教育和生命教育中来。通过典型示范的引领和带动,推动整个教育领域的心理健康教育和生命教育工作的普及和发展。

(三)"三级提升"的专业发展机制

为了解决师资短缺的问题,特别设计了心理健康教育教师"三级提升"的专业发展机制。这一机制包括初级培训、中级提升和高级研修三个层次,旨在通过系统的培训和学习,逐步提升教师的专业素养和教学能力。初级培训主要针对新入职的教师,帮助他们掌握基本的心理健康教育知识和技能;中级提升针对有一定经验的教师,进一步深化他们的专业知识和教学方法;高级研修则为资深教师提供更深层次的学习和研究机会,使他们能够成为心理健康教育领域的专家和引领者。

通过这些创新的工作机制,可以帮助学生树立正确的生命观和价值观,提升心理品质和应对能力,从而促进学生的全面发展和健康成长。

四、基于生命教育的心理健康教育实施体系

本研究创新性地提出了双结合教育理念,促进心理咨询、课程体系、团体辅导、危机干预与生命教育融合,丰富心理健康教育内涵,以学校资源为主体,以家庭资源为补充,以社会资源为辅助,三方互为融合,形成育人合力,从生命意义的角度构建心理健康教育模式和相应的评价标准,共同提高

高等师范学校心理健康教育的实施成效。明确双结合教育理念的内涵，通过教师研讨会、工作坊等形式，对全体教师进行培训，确保每位教师都能深刻理解双结合教育理念并融入教学实践中。制定具体的教学目标与计划，如设置心理健康与生命教育课程目标，明确学生在各个学习阶段应达到的知识与技能水平，以及情感、态度和价值观的发展目标。

（一）心理健康教育内容的融合创新

心理咨询与课程体系融合。如开设“心理健康与自我成长”课程，通过案例分析、角色扮演、小组讨论等方式，让学生在模拟情境中学习心理调适方法。同时，建立课程反馈机制，及时调整教学内容与方法。

1.团体辅导与危机干预联动

定期举办主题团体辅导活动，如情绪管理、人际交往等，邀请专业心理咨询师进行指导。建立危机干预快速反应机制，包括设立危机热线、制定危机干预预案等，确保在紧急情况下能够迅速启动并有效应对。

2.生命教育的深度融入

设计生命教育课程模块，如“生命的意义与价值”“人与自然和谐共生”等，结合社会实践、志愿服务等，让学生在实践中体验生命的美好与责任。同时，开展生命教育周、生命故事分享会等活动，营造浓厚的生命教育氛围。

（二）三方资源融合育人体系

1.学校资源为主体

建立心理健康教育中心，配备专业心理咨询师和辅导员，提供心理咨询、团体辅导、危机干预等服务。同时，开发心理健康教育校本教材，丰富教学资源库。

2.家庭资源为补充

通过家长会、家校联系平台等渠道，向家长普及心理健康教育知识，分享家庭教育方法。鼓励家长参与学校的心理健康教育活动，如亲子工作坊、家庭心理健康教育讲座等。建立家校共育机制,共同关注孩子的心理健康成长。

3.社会资源为辅助

与心理健康机构、公益组织等建立合作关系,邀请专家进校开展讲座、培训等。组织学生参与社会实践、志愿服务等,拓宽视野,增强社会责任感。同时,利用网络资源,如在线心理咨询平台、心理健康教育网站等,为学生提供便捷的心理健康服务。

(三)探索生命教育引导的心理健康教育

以生命意义为核心,精心设计一个全面的教育框架。这个框架涵盖多个关键环节,旨在帮助学生全方位提升心理健康水平。通过引入认知行为疗法等科学方法,引导学生重新审视和调整自己的思维方式,从而培养更加积极和健康的思维模式。鼓励学生通过艺术创作、情绪日记等多种形式,深入探索和表达自己的情感世界,帮助学生更好地理解和管理自己的情绪。行为实践环节紧密结合理论知识与现实生活,通过组织志愿服务、社会实践等活动,引导学生将所学的心理健康知识应用于实际生活中,从而在实践中不断成长和进步。通过这些环节的有机结合,致力于构建一个全面、系统、科学的心理健康教育模式,帮助学生在认知、情感和行为上实现全面提升,最终达到促进心理健康、提升生命质量的目标。

制定多元化的评价指标体系,包括学生自评、互评、师评等多个维度。同时,设置阶段性评价节点(如学期末、学年末),对学生的学习成果进行全面评估,并根据评估结果调整教学策略。

学生自评维度:设计或选用科学、可靠的心理健康自评量表,定期让学生进行自我评估,涵盖情绪状态、压力管理、人际关系、自我认知等多个方面。通过量表数据,了解学生的心理健康状况变化趋势。鼓励学生记录个人成长日志,包括情绪变化、学习心得、生活感悟等,定期进行自我反思,评估个人在心理健康与生命教育方面的成长与进步。

互评维度:在团体辅导、小组讨论等活动中,设置小组合作评价环节,让学生相互评价在团队合作中的表现,包括沟通能力、协作精神、情感支持等方面。通过互评,促进学生之间的相互理解与支持。鼓励学生之间建立相互观察与反馈的机制,如设立“心理小卫士”角色,负责观察班级同学的心理健康状况,并提供必要的支持与帮助。同时,鼓励同学之间相互分享心理健康资源与经验。

师评维度:教师在日常教学与管理中,注意观察学生的心理健康状况与行为表现,记录学生的进步与需要改进之处。通过定期整理观察记录,为个别咨询与辅导提供依据。针对接受个别心理咨询的学生,教师需详细记录咨询过程、学生反馈及后续建议。通过个别咨询反馈,评估咨询效果,并适时调整咨询策略与方法。将心理健康教育融入作业与项目评价中,如要求学生完成心理健康相关的研究报告、案例分析等。通过评价学生的作业与项目完成情况,评估其心理健康知识的掌握程度与实践能力。

在每个学期结束时,进行全面的心理健康教育评价。结合学生自评、互评与师评数据,以及学生的日常表现与作业完成情况,综合评估学生的心理健康成长状况。在学年末进行更为深入的总结评估。除了全面回顾学生一学年的心理健康成长历程外,还需对心理健康教育实施效果进行整体评估,包括课程设置、教学方法、资源利用等方面。根据评估结果,调整下一学年的教学策略与计划。

定期组织心理健康教育师资培训活动,邀请国内外专家进行授课,提升教师的专业素养和教学能力。同时,建立教师交流平台,鼓励教师分享教学经验、探讨教学难题。持续跟踪与反馈,建立学生心理健康档案系统,定期跟踪学生的心理健康状况变化。通过问卷调查、个别访谈等方式收集师生反馈意见,及时调整教育策略和方法。同时,对心理健康教育实施效果进行定期评估和总结,形成持续改进的良性循环。定期举办心理健康教育成果展示会、经验交流会等活动,展示学校在心理健康教育方面的成果和亮点。同时,鼓励教师撰写论文、申报课题等,提升学校的学术影响力和社会认可度。生命教育引路的心理育人探索如图2-1所示。

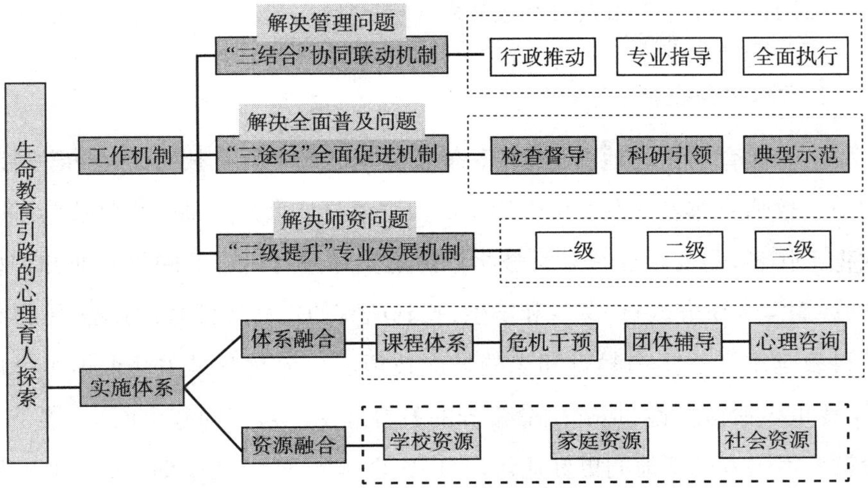

图2-1 生命教育引路的心理育人探索

五、师范生生命教育的途径

(一)从生命教育专业知识切入

从事生命教育的教师,除了需要具备学科、教育心理和通识性知识外,还需要具备生命教育意识和传递生命教育理念的能力。师范生作为未来的教师,需完善自己的专业知识结构,学习生命教育相关专业知识,了解人类的进化史、生命科学和解剖学等,掌握生命教育的目的、意义、历史发展和实践情况等。生命教育是个体成长与社会发展的核心理念,是每一位学生都应当接受的重要教育内容,在师范生群体中,其重要性更是凸显无遗。师范生作为未来教育事业的中坚力量,他们的生命观、价值观及教育观,不仅影响着自己的成长与发展,更是直接关系到未来青少年的教育质量与成长环境。高等师范学校的师范生处于人生的重要阶段,他们面临着诸多关于生命与成长的问题与困惑。这一时期是他们开始独立思考,逐渐形成自己的世界观、人生观和价值观的关键时期,在这一时期接受生命教育,有助于他们更好地认识自己、理解生命,从而树立正确的世界观、人生观与价值观。

(二)构建多元生命教育课程体系

1.学科生命教育

生命教育的主阵地在课堂,生命教育应贯穿于所有教育活动和学科教学中。教师应深入挖掘学科中的生命教育素材。大部分师范生将成为基础教育工作者,需要学会在学科教学中渗透生命教育内容。除了专业知识教学,还需深入研究教材、课堂和学生,找到适宜的生命教育方式方法,习得在学科教学中渗透生命教育知识的技能技巧。生命教育是关注个体生命成长、尊重生命多样性、培养生命素养的教育理念。对于师范生而言,接受生命教育不仅有助于他们更好地认识自己、理解生命,还能帮助他们树立正确的教育观与价值观,为未来的教育事业奠定坚实基础。

2.生命价值教育

师范生的生命教育不应停留在生理和心理层面,而应从价值和意义层面引导他们探索生命。第一,树立崇高的人生理想和积极的人生态度。一些师范生会感到迷茫,因为他们缺乏人生理想和职业规划。生命教育的目标是帮助他们找到人生方向。在追求理想的过程中,他们可能会遇到挫折,因此需要建立积极的生活态度。第二,提升道德品质和自我修养。虽然师范生已经成年,但他们的心理尚未成熟。生命教育应帮助他们提升道德认识,加强思想修养,养成良好的行为习惯,明辨是非。第三,正确处理自我价值和社会价值的关系。人与社会紧密相连,人的价值包括个人价值和社会价值。生命教育应引导师范生正确认识人的价值,平衡个人价值和社会价值的关系,纠正物质化和功利化的价值取向,探索和升华生命的价值。

3.死亡教育

死亡教育主要探讨死亡的本质以及与濒死、丧亡有关的问题,促使人们深思自己与他人、社会、自然甚至宇宙的关系,洞察生命的终极意义与价值,克服对死亡的恐惧与焦虑,活出生命的意义与精彩。我们应该正视并思考死亡和生命的关系。在我国传统文化中,“死”是一个避讳的话题,这影响了人们对死亡和生命的看法,因此,开展死亡教育很有必要。死亡教育可以让学生正确面对死亡,消除对死亡的恐惧心理,坦然面对生死。此外,还可以让学生树立生命责任意识,减少、停止对生命的损伤,对生命的挥霍。

(三)形成师范生生命教育的合力

师范生的生命教育是一个长期的系统的工程,任何一个组织或行业都不可能独立地完成这个工程,必须经由各种方式、依靠各种组织和机构来实现。本研究认为,师范生的生命教育,不仅仅需要师范生对自我进行生命教育,还需要高校、家庭、社会共同努力,才能取得较好的效果。

1.家庭教育是师范生生命教育的根基

师范生的生命教育离不开家庭教育。家庭是师范生的第一所学校,他们从中学习基本技能、培养人格品质和感悟生命价值。第一,家庭教育教会师范生尊重生命,这使得他们更珍惜生命和关爱他人。第二,家庭教育帮助师范生培养诚实、守信和孝顺等道德品质,这些品质是他们未来从事教育工作的基石。第三,家庭教育帮助师范生树立正确的世界观、人生观和价值观,这有助于他们实现自身生命价值并为社会作出贡献。第四,家庭教育还能帮助师范生提高生活自理能力,增强他们的韧性。最后,家庭教育能够丰富师范生的情感体验,培养他们开放、包容的心态。总之,家庭教育是师范生生命教育的根基,对他们的未来教育工作具有重要意义。

2.学校教育是师范生生命教育的主要途径

生命教育在高等师范学校中至关重要,学校应开设专门的生命教育课程,并将其纳入全校公修课程体系,课程需从师范生的已有知识结构出发,结合其心理规律和未来职业特点,系统传授生命教育知识。此外,高等师范学校还可以开展专题讲座形式的生命教育、在其他学科中渗入生命教育、建设网络生命教育课程等。同时,高等师范学校应支持课程和活动的开展,建立师资培养机制,提升教师的生命教育理论素养。生命教育课程的实施需要行政推进,教育行政部门应承担责任,成为生命教育的支持者和引导者。

3.社会教育是师范生生命教育的保障

社会教育是师范生生命教育的重要一环。面对市场经济的弊端和文化垃圾的泛滥,优化社会文化环境是必要的,包括完善文化市场监督和管理体制,加强大众文化内容的监管,完善文化产业政策,并动员社会各界力量共同监管。此外,营造健康的网络环境也至关重要。这需要在技术层面运用计算机监控技术等手段,在法制层面设立网络执法机构和制定法律法规,在传播层面监管校园网络平台,抵制不良信息。整合多种社会资源进行生命教育也是必要的,利用这些资源可以营造社会舆论、搭建生命教育平台、开展相关活动等,以促进师范生的健康发展。

六、高等师范学校生命教育的着力点

首先,加强生命教育的理论研究,深入挖掘其内涵与价值,构建完整的理论体系。包括探讨生命教育的核心理念、价值取向、实施策略等,为师范生提供全面、系统的理论指导。同时,还可以借鉴国内外生命教育的优秀案例与经验,结合师范生的实际需求与特点,构建符合国情与时代特色的生命教育体系。

其次,注重实践探索,通过丰富多样的形式来实施生命教育。例如:可以组织师范生参与社区服务、环保活动等社会实践活动,让他们亲身体验生命的意义与价值;可以邀请具有丰富教学经验的教师或专家进行现场教学演示,让师范生直观地感受到生命教育的魅力;还可以鼓励师范生自主开展生命教育的相关课题研究与项目实践,培养他们的创新能力与实践能力。

此外,还可以通过开展课程与活动来拓宽师范生的学习与实践平台。一方面,可以开设专门的生命教育课程,将生命教育融入师范生的日常教学中,帮助他们系统地了解生命教育的理念与实践方法。另一方面,可以组织生命教育相关的讲座、研讨会等,邀请专家学者或优秀教师进行分享与交流,为师范生提供更多的学习资源与启发。

最后,还需要加强评价与反馈机制的建设,确保生命教育的实施效果。可以通过制定明确的教育目标与评价标准,对师范生的生命教育学习与实践成果进行定期评估与反馈。同时,还可以建立多元评价机制,促进师范生之间的交流与互动,共同提升生命教育的质量与水平。

第二节 体育运动赋能

厘清体育运动对大学生心理健康的积极效应,探究体育运动对大学生心理健康素养的赋能机理与实现路径,使大学生减少对虚拟世界的依赖,更多地参与社会活动,加强人际交流,建立健康的生活方式和良好的运动习惯,促进心理素养的提升,是当前高校心理育人实践的重点任务。

一、体育运动赋能心理育人的中介机制

体育运动助力心理育人的中介机制包括生理机制、心理机制、社交机制和认知机制等多个方面。这些机制共同作用,为学生的心理健康发展提供了有力的支持和保障。

(一)生理机制

1.调节神经递质

体育运动可以促进身体内分泌系统的正常运作,增加身体内各种有益物质的分泌,如内啡肽、多巴胺等神经递质。这些物质在调节情绪、缓解压力、提升幸福感方面起着重要作用。例如:内啡肽被称为“快乐激素”,能够减轻身体的疼痛和疲劳感,同时产生愉悦感;多巴胺则与奖赏机制相关,能够增强个体的积极性。

2.改善身体机能

体育运动可以降低肾上腺素能受体的数目或敏感性,从而降低心率和

血压,减轻应激源对生理的影响。体育运动有助于缓解紧张情绪,增强心理韧性。体育运动能够改善身体的各项机能,如心肺功能、肌肉力量、耐力等。这些身体机能的提升有助于个体更好地应对生活中的挑战和压力,从而保持心理健康。

3.改善生理系统

体育运动能够改善人体中枢神经系统,提高大脑皮层兴奋和抑制的协调作用。这有助于改善大脑皮质神经系统的均衡性和准确性,促进感知能力的发展,提高思维想象的灵活性、协调性和反应速度。

4.协调身体各系统

体育运动要求身体各系统(如心血管系统、呼吸系统、运动系统等)协调配合,这种协调配合不仅能提高身体的整体功能,还能促进心理健康。例如,心肺功能的提升有助于提供更多的氧气和营养物质给大脑,进一步促进认知功能的改善。

5.提升身体免疫力

体育运动可以提高身体的免疫力,增强身体的抵抗力,减少疾病的发生。身体健康是心理健康的基础,免疫力的提升有助于维持和促进心理健康。

(二)心理机制

1.提升自信心与自尊感

通过长期的体育运动,不仅可以看到身体的变化,而且可以在运动竞技中感受到自己的实力和能力,从而提升自信心。这种积极的心理体验有助于形成更加健康的心理状态。同时,体育运动为学生提供了展示自我、挑战自我的平台。在参与体育活动的过程中,学生可以通过不断练习和进步,逐渐认识到自己的潜力和能力,从而增强自信心和自尊感。这种积极的自我认知有助于学生更好地面对学习和生活中的困难和挑战。

2.调节情绪与管理压力

体育运动能够帮助学生有效地调节情绪和管理压力。通过体育运动，学生可以释放内心的负面情绪，如焦虑、抑郁等，同时感受到运动带来的愉悦感和成就感。这种情绪调节对于维护心理健康至关重要。

3.增强自我效能感

体育运动要求个体付出努力和坚持才能取得进步和成就。在这个过程中，学生可以逐渐增强自我效能感，即对自己能够完成某项任务或达到某个目标的信心和信念。这种自我效能感有助于学生在面对未知和挑战时保持积极的心态和行动。

（三）社交机制

1.团队合作与社交技能

许多体育运动需要团队合作才能完成。体育运动可以促进人与人之间的交往和互动。在团队中，学生需要相互信任、相互支持、共同协作。这种经历有助于培养学生的团队合作精神和社交技能，如沟通、协商、解决冲突等。这些社交技能对于学生未来的学习和生活都具有重要意义。

2.社交支持与归属感

体育运动为学生提供了广泛的社交机会和平台。在体育运动中，学生可以结识新朋友，拓展社交圈子，建立深厚的友谊，获得归属感。这种社交支持和归属感有助于缓解学生的孤独感和社交焦虑，提升他们的心理健康水平。

（四）认知机制

1.提升注意力与专注力

体育运动需要高度的注意力和专注力才能取得好成绩。在运动中，学生需要时刻关注自己的身体状态，以便做出正确的判断和决策。这种注意力训练有助于提升学生的认知能力和学习效率。

2.激发认知灵活性与创造力

体育运动中的变化和挑战可以激发学生的认知灵活性和创造力。例如,在篮球比赛中,学生需要根据对手的防守策略和场上形势快速做出反应和调整战术。这种经历有助于培养学生的创新思维和解决问题的能力。

二、体育运动在心理健康教育中的价值

(一)促进积极情绪的培养

体育运动在促进学生身心健康发展方面发挥着不可忽视的作用。体育运动能够刺激人体分泌内啡肽等激素,这些激素有助于提升学生的情绪状态,使他们在日常生活中展现出更加积极、乐观的精神风貌。

体育运动为学生提供了多样化的体验机会。无论是篮球、足球等团体运动,还是跑步、游泳等个人项目,都能让学生在参与过程中体验到不同的挑战和乐趣。当学生通过努力取得比赛胜利时,成功的喜悦会让他们更加自信;当学生面临困难时,挑战的乐趣则能激发他们的斗志,促使他们不断突破自我。

体育运动在缓解学生压力方面也具有显著效果。在快节奏的现代生活中,学生面临着来自学业、家庭、人际关系等多方面的压力。体育运动是一个很好的释放压力的途径。通过运动,学生可以释放掉内心的负面情绪,缓解焦虑和抑郁等心理问题。同时,体育运动能帮助学生保持健康的生活方式,提高他们的身体素质,为未来的学习和生活打下坚实的基础。体育运动还能培养学生的团队合作精神和竞争意识。在团体运动中,学生需要与队友们密切协作,共同完成任务。这种经历有助于培养学生的沟通能力和团队协作精神,使他们更好地适应未来的社会生活。在竞争激烈的比赛中,学生则需要学会面对挑战和失败,不断调整自己的心态和策略,这种经历能让他们更加成熟和坚强。

体育运动在促进学生积极情绪的培养方面发挥着重要作用。体育运动

能帮助学生释放压力,缓解负面情绪,保持积极乐观的心态。高等师范学校应鼓励学生积极参与体育运动,让他们在运动中快乐成长。

(二)培养积极人格特质

体育运动在学生的成长过程中扮演着举足轻重的角色,它不仅能够锻炼学生的身体,更能够在无形之中塑造他们的人格特质。这些特质包括但不限于坚韧不拔、团结协作、自律自强等,对于学生未来的学习和生活都具有深远的影响。

在体育运动中,学生往往需要面对各种各样的困难和挑战。例如:在长跑比赛中,他们需要克服身体的疲惫和内心的恐惧,坚持到底;在篮球比赛中,他们需要不断尝试投篮,即使面对失败也不气馁。这些经历让学生学会了如何面对挑战,如何调整心态,如何在困难中坚持不懈。通过不断努力和坚持,他们能够逐渐克服自己的弱点,提高自己的意志力,变得更加坚强和自信。

体育运动中的团队合作和竞争也是培养学生积极人格特质的重要途径。在团队合作中,学生需要学会与他人沟通、协作,共同完成任务。他们需要理解每个人的优点和不足,学会互相支持、互相鼓励。这种经历不仅能够培养学生的合作精神,还能够增强他们的团队意识和归属感,让他们更加珍惜团队的力量。竞争则能够激发学生的斗志和潜力,让他们在追求胜利的过程中不断挑战自己、超越自己。通过竞争,学生能够更加清楚地认识到自己的优点和不足,学会在竞争中保持冷静、应对压力。这种经历不仅能够增强学生的竞争意识,还能够让他们更加适应社会的发展和变化。

体育运动在学生的人格培养中发挥着不可替代的作用。体育运动不仅能够锻炼学生的身体,更能够培养他们积极的人格特质,为他们的未来发展奠定坚实的基础。

(三)提升环境适应能力

体育运动作为一种独特的教育方式,不仅关注学生的身体健康,更重视学生的心理健康和社会适应能力的培养。学生通过参与各种运动项目和活动,能够深刻体验不同的情境和挑战,从而锻炼和提升自身的适应能力和应变能力。体育运动为学生提供了一个多样化、动态化的环境。无论是足球场的奔跑、篮球场的竞技,还是游泳馆的拼搏,每种运动项目都代表着一种独特的挑战和体验。在这样的环境中,学生需要不断调整自己的心态和策略,以适应不同的比赛场景和特点。这种频繁的适应过程,无疑会锻炼他们的适应能力和应变能力。

体育运动强调团队协作和沟通。在运动中,学生需要与队友紧密配合,共同应对各种挑战。这种团队协作的过程不仅锻炼了学生的沟通协作能力,还让他们学会了如何在团队中发挥自己的优势,为团队的成功贡献力量。同时,面对失败和挫折时,学生需要学会调整心态,积极寻找解决问题的方法,这也是一种重要的适应能力。体育运动还培养了学生的意志品质和抗压能力。在运动中,学生往往需要面对艰苦的训练和激烈的竞争,这要求他们具备坚定的意志和顽强的毅力。通过不断地挑战自己、突破自己,学生能够逐渐提高抗压能力,从而更好地应对未来生活中的各种挑战。

体育运动在提升学生的环境适应能力方面发挥着重要的作用。通过参与各种运动项目和活动,学生能够逐渐适应不同的环境和变化,提高自己的适应能力和应变能力。这不仅有助于他们在学校中取得更好的成绩,也为他们未来的生活和工作奠定了坚实的基础。

(四)增强人际交往能力

体育运动作为一种充满活力和激情的活动,早已被证实为促进学生全面发展的重要途径。增强人际交往能力便是其不可忽视的益处之一。体育运动不仅为学生提供了一个展示自我、挑战自我的舞台,更是一个绝佳的社交平台,有助于他们在轻松愉快的氛围中建立和维护人际关系。

在参与体育运动的过程中,学生能够结识到来自不同背景、不同性格的新朋友。这些新朋友或许会在运动场上成为默契十足的搭档,共同追求胜利;或许会在课余时间成为分享生活点滴的知己,增进彼此的了解和友谊。通过体育运动,学生的社交圈得以不断拓展,人际交往能力也得到潜移默化的提升。体育运动中的团队协作和沟通也是培养学生社交能力的重要途径。在团队运动中,学生需要学会如何与他人协作,共同完成任务。他们需要了解每个队员的特点和优势,合理分配任务和资源。同时,他们还需要学会与他人进行有效沟通,表达自己的观点和想法,倾听他人的意见和建议。这些过程无疑有助于提高学生的沟通能力和协作能力,使他们在处理人际关系时更加得心应手。

值得一提的是,体育运动中的竞争和挑战也有助于提升学生的心理素质和应对压力的能力。在运动中,学生需要面对各种困难和挑战,学会调整心态、保持冷静,并寻找解决问题的方法。这种经历不仅有助于他们在运动场上取得更好的成绩,更能帮助他们在日常生活中更好地应对各种挑战和压力。通过参与体育运动,学生不仅能够结识新朋友、拓展社交圈,还能在团队协作和沟通中提升自己的沟通能力和协作能力。同时,体育运动中的竞争和挑战也有助于提升学生的心理素质和应对压力的能力。因此,学校应该鼓励学生积极参与体育运动,让他们在运动中收获友谊、成长和进步。

三、体育运动赋能心理育人的实施策略

(一)制定个性化运动方案

针对不同学生的特点和需求,制定个性化的运动方案是关键。根据学生的年龄、性别、兴趣爱好以及心理健康状况等因素,选择适合他们的运动项目和活动形式。例如:对于性格内向、缺乏自信的学生,可以选择一些团队运动项目,如篮球、足球等,以帮助他们增强自信心和团队协作能力;对于情绪不稳定、易焦虑的学生,可以选择一些轻松愉悦的运动项目,如瑜伽、慢跑等,以缓解他们的负面情绪。

(二)强化运动指导与监督

在体育运动中,教师的角色显得尤为关键。教师不仅是知识的传播者,更是学生健康成长的引路人。教师应加强运动指导与监督,确保学生在体育锻炼中得到全面而有效的提升。

教师需要具备扎实的体育专业知识和丰富的实践经验。只有掌握了丰富的体育知识和技能，教师才能根据学生的实际情况，为他们量身定制合适的锻炼计划，包括针对不同年龄段、不同体质、不同运动水平的学生，制定个性化的运动方案，以充分发挥每个学生的运动潜能。

教师在运动指导的过程中应注重培养学生的运动兴趣和良好习惯。通过生动有趣的教学方式，激发学生对体育运动的热爱，让他们在享受运动带来的快乐的同时，逐步养成良好的锻炼习惯。同时，教师还应关注学生的心理健康，及时为他们提供心理支持和疏导，帮助他们克服运动中的困难和挫折。

教师还需要密切关注学生的运动过程，确保运动的安全性。在锻炼过程中，教师应时刻关注学生的动作是否正确，是否出现疲劳或不适等状况。一旦发现学生存在错误动作或不良习惯，教师应及时予以纠正，并为学生提供正确的示范和指导。同时，教师还应教会学生如何在运动中保护自己，避免运动伤害的发生。

为了进一步提升运动指导与监督的效果，教师还可以利用现代科技手段辅助教学。例如，通过智能手环、运动App等，实时监测学生的运动数据，为他们的锻炼提供更为精准的建议和指导。此外，教师还可以利用网络平台，与家长一起，共同关注学生的运动情况，形成家校共育的良好氛围。通过教师的专业指导、密切关注以及科技手段的辅助，可以确保学生在体育运动中得到充分的锻炼和提升，为他们的健康成长奠定坚实的基础。

（三）紧密结合心理健康教育课程

在现代教育体系中，体育运动与心理健康教育课程并非孤立存在，而是相辅相成、互为补充的两个重要方面。将体育运动与心理健康教育课程紧密结合，不仅能够提升教学效果，更能进一步提高学生的心理健康水平。在心理健康教育课程中，教师可以充分利用课堂时间，系统介绍体育运动对心理健康的积极影响和作用机制。通过讲解科学研究成果和统计数据，让学生深刻认识到体育运动在缓解压力、改善情绪、提升自信等方面的显著作用。同时，还可以结合生动的案例和实践经验，让学生了解不同体育运动对心理健康的具体作用，如跑步有助于释放压力、篮球运动能够增强团队协作能力等。

除了传授理论知识，教师还应该注重引导学生积极参与到体育运动中来。可以组织各类体育活动，让学生在亲身体验中感受运动带来的快乐。例如，可以举办校园运动会、篮球赛、足球赛等，让学生在比赛中体验到团队合作的力量和胜利的喜悦。同时，还可以开设体育俱乐部或社团，让学生根据自己的兴趣和特长选择合适的运动项目，从而培养他们的运动习惯和终身体育意识。教师还可以通过心理健康教育课程，帮助学生树立正确的运动观念和价值观，引导学生理解体育运动不仅是为了锻炼身体，更是为了提升心理素质、培养健康的生活方式。同时，还要注重培养学生的运动安全意识和自我保护能力，让他们在享受运动带来的快乐的同时，确保自己的身心健康。

（四）开展多样化的体育活动

开展多样化的体育活动有利于激发学生的学习兴趣。通过举办丰富多彩的体育活动，学校能够为学生提供一个展示自己运动才能和团队精神的舞台，同时有助于培养学生的运动爱好和习惯。

学校可以定期组织大型的运动会和体育节等活动。这些活动不仅能够锻炼学生的身体，增强他们的体质，还能让他们体验到运动的乐趣和竞技的刺激。在运动会和体育节上，学生可以充分展示自己的运动才能，通过参与比赛、表演等形式，展示自己的实力和风采。同时，这些活动还能够培养学生的团队精神，让他们学会在团队中协作、配合，共同完成目标。

学校还可以开设各种兴趣小组和社团，让学生根据自己的兴趣和特长选择适合自己的运动项目。这些兴趣小组和社团不仅可以给学生提供更多参与运动的机会，还可以培养他们的运动爱好和习惯。学生可以根据自己的兴趣选择参与篮球、足球、乒乓球、羽毛球等运动项目，通过定期的训练和比赛，提高自己的运动技能和水平。学校还可以举办一些趣味性的体育活动，如趣味运动会、亲子运动会等，以吸引更多的学生参与其中。这些活动不仅具有趣味性，还能够增强学生与家长之间的亲子关系，增进彼此之间的了解和感情。

在开展多样化的体育活动时,学校还需要注重活动的组织和管理。学校要制定详细的计划和方案,确保活动的顺利进行;要注重活动的安全性和公正性,保障学生的权益和安全;同时还要加强宣传和引导,让更多的学生了解和参与到这些活动中来。学校应该注重活动的策划和组织,为学生提供更多参与运动的机会和平台,让他们在运动中享受快乐、健康成长。同时,学校还应该注重与家长的沟通和合作,共同关注学生的健康成长和发展。通过家校合作,可以更好地推动学校体育工作的开展,为学生的全面发展创造更好的条件。

四、体育运动赋能心理育人的实施步骤

当代大学生的生活方式发生了深刻的变化,一部分大学生沉迷于网络和手机等,导致运动不足,人际交往减少,心理问题频发。以体育运动赋能大学生心理健康素养为切入点,从课程融合、社团推广、校园活动、科学研究、环境营造等方面,抓根本强师资、抓载体强功能、抓活动强特色,使体育运动和心理健康教育同频共振。

(一)明确目标,树立理念

1.明确目标

明确通过体育运动促进学生心理健康发展的总体目标,包括提升情绪管理能力、增强社交能力、培养坚韧不拔的意志品质等。

2.树立理念

坚持"身心相融,育体与育心并重"的教育理念,认识到体育运动在促进学生心理健康方面的重要作用。

(二)构建体育课程体系,优化体育教学与活动

1.开发趣味性体育课程

利用相关器材创编趣味田径技能学练课程,设计具有挑战性和趣味性的

体育活动,如“追逐跑”“青蛙跳荷叶”等,以提升学生的运动兴趣和参与度。

2.融合性课程设计

注重体育与健康、体能与技能、学练与比赛等的有机融合。例如,通过以“大丰收”为主题的体育与劳动实践课程,促进学生发展协调性、肌肉力量和肌肉耐力等,同时培养学生自觉劳动、吃苦耐劳和责任担当等意识。

3.生活化体育课程

结合学生的生活经验,设计贴近生活的体育课程。通过线上线下联动的活动,让学生了解体育运动的信息和动态,不受空间和场地的约束。

4.改变教学理念

体育教师要避免以应试教育为核心指导,应贯彻落实新课程标准,全面促进体育锻炼,提高心理素质。

5.丰富体育活动形式

组织多样化的体育活动和比赛,如篮球、足球、羽毛球等球类比赛,以及啦啦操、广播体操等团体活动。这些活动不仅能提高学生的身体素质,还能在团队合作和竞争中培养学生的社交能力和面对挑战的勇气。

6.创新教学方法

采用情境教学、游戏教学等方法,让学生在轻松愉快的氛围中参与体育活动。例如,通过创设情境,让学生在挑战中感受自我,提升自我效能感。

(三)开展心理健康教育,加强家校合作

1.开展心理健康教育

在体育课程中融入心理健康教育元素,如通过体育活动中的团队合作培养学生的社交能力和团队协作精神;在挑战环节中引导学生学会自我调控和情绪管理。设置心理健康支持系统,创建心理工作室或心理咨询中心,为学生提供专业的心理咨询服务。同时,开展心理健康教育活动,如心理讲

座、心理情景剧、心理微电影等,提高学生的心理健康意识。

2.加强家校合作

鼓励家长参与孩子的心理健康教育。通过家长会等方式,向家长传达体育与心理健康的重要性,引导家长支持孩子参与体育活动和心理健康教育活动。与社区合作开展体育活动和心理健康教育活动。利用社区资源为学生提供更多的运动场地和设施,同时邀请社区专业人士为学生和家长提供心理健康咨询服务。

(四)评估与反馈

1.建立评估机制

定期对学生的体育运动情况、心理健康状况进行评估。通过问卷调查、访谈等方式收集学生和家长的反馈意见,了解体育运动与心理健康教育的实施效果。

2.持续改进

根据评估结果和反馈意见及时调整体育运动与心理健康教育的策略和方法。针对存在的问题和不足,制定改进措施,不断提升体育运动与心理健康教育的质量和效果。

通过以上步骤,可以构建出有效的体育运动赋能心理育人新模式,促进学生的身心健康发展。

五、体育运动赋能心理育人的挑战与对策

(一)体育运动赋能心理育人的挑战

1.缺乏专业的师资力量

目前,许多学校缺乏专业的师资力量,这在一定程度上制约了体育运动赋能心理育人的实施效果。为了解决这一问题,学校可以加强对现有教师

的培训和教育，提高他们的专业水平和技能素养。同时，还可以积极引进具有体育和心理健康教育背景的优秀人才，为体育运动赋能心理育人提供有力支持。

2. 运动设施不足或不完善

运动设施是开展体育运动的基础条件，然而在一些学校中，运动设施不足或不完善的问题仍然存在，这会导致学生无法进行充分的运动锻炼，影响体育运动赋能心理育人的效果。学校需要加大对运动设施的投入力度，改善运动条件，为学生提供更加舒适、安全的运动环境。

3. 学生参与度不高

有些学生可能对体育运动缺乏兴趣，导致他们的参与度不高，这会影响体育运动赋能心理育人的实施效果。为了提高学生的参与度，教师可以采取多种措施，如设置奖励机制、开展趣味性的体育活动、加强与学生的沟通和互动等，以激发学生的兴趣和热情。

体育运动赋能心理育人具有广阔的应用前景和重要的实践价值。通过制定个性化运动方案、加强运动指导与监督、结合心理健康教育课程以及开展多样化的体育活动等措施，可以有效提升学生的心理健康素养和适应能力。然而，在实施过程中仍面临一些挑战和问题，需要不断探索和完善。

（二）体育运动赋能心理育人的对策

目前，学校心理育人的重心多落在预防和矫治心理问题上，鲜少有陶冶心灵，完善和提升人格的举措。体育运动对个体身心健康的积极作用已经得到了众多实证研究的广泛支持，然而在学校没有得到应有的重视。以“体育+心育”促进师范生心理健康，是现实的需要和时代的选择。

1. 抓根本，强师资，为学生健康成长做好保障

优化工作机制，建立以校长为组长的心育领导小组，全体教师共同参与的心育工作机制。召开体育心育融合工作推进会，明确具体工作任务，真抓

实干，把体育心育融合从“软要求”变为“硬指标”。

强化工作队伍，加强体育心育教师融合共建培训，多措并举打造一支师德高尚、业务精湛、专兼结合的高素质心育队伍。

2. 抓载体，强功能，为学生健康成长提供服务

展开实验，建设体育基地。从加强学校体育文化建设入手，以“我运动，我健康，我快乐”“每天锻炼一小时，健康工作五十年，幸福生活一辈子”的健康理念为引领，开展形式多样的体育健身知识讲座，普及科学健身方式方法。营造“每月有比赛，每周有精彩，每天有活动”的浓厚校园体育活动氛围，让学生走出教室、走出宿舍、走下网络、走进操场，参与到体育活动中，增强体质、健全人格、锤炼意志。

通过课堂教学、社团活动、课余竞赛“三结合”，不断扩大“以体育人”平台。开设三大球、三小球、武术散打跆拳道、体操形体健身操等体育课程，供学生自主选择。举办足球、篮球、排球等挑战赛，支持网球、乒乓球、羽毛球、棒球、高尔夫球、围棋等团队协作活动，把心理健康教育与体育相结合，强化学生的积极情感和健康心态。让学生“跑起来、动起来、乐起来”。轮番上演的校园活动，为学生挑战自我、锻造自我、展示风采、追梦圆梦提供自由选择的平台。

3. 抓活动，强特色，为学生健康成长搭建平台

体育教研室和心理中心共同建立社团，关注学生对优质体育资源的多元需求，努力让学生参与的每一次体育教学课、每一次课外体育活动、每一场体育竞赛成为体育育人大课堂。一些项目侧重于耐力，如长跑、游泳，能锤炼人的意志，让人学会坚持。一些项目关系到爆发力，如投掷、跳高，紧张激烈的过程有助于人突破生理极限，提高应激水平。一些项目偏向柔韧和旋律，如健身操和舞蹈，能提高自我认知，释放生活压力。

将体育运动覆盖到校园的每一个学生，每天早晨七点开展校园阳光跑，锤炼意志，学会坚持；开展投掷、跳高活动，紧张激烈、自信爆棚；练习啦啦操和舞蹈，提高自我认知，释放生活压力。体育运动赋能大学生心理健康素养框架图如图3-1所示。

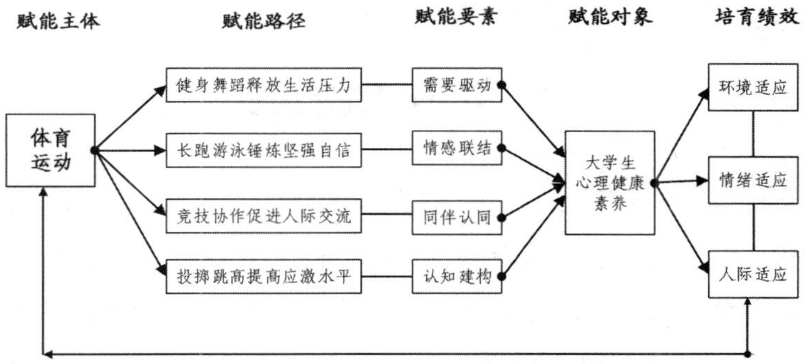

图3-1 体育运动赋能大学生心理健康素养框架图

如图3-2所示，通过“非常5+1”——21天习惯养成计划，为学生定制“营养套餐”，培养五项心理品质，融入体育锻炼，通过打卡晒圈的形式，连续坚持21天，塑造挺拔灵魂、锻炼健硕身躯、培养心理品质。

图3-2 “非常5+1”——21天习惯养成计划

“5”是指5个心理健康教育项目，包括启智润心、自律自爱、专业自信、心灵涵养、情感表达；“1”是指1项体育运动。

高等师范学校应围绕师范生心理健康素养培育目标，将体育作为心理育人的重要载体，打通学科之间的壁垒，以体树人，倡导在教育实践中积极落实“大体育大心育”观念。学校为“大体育”与心理教育互融创造条件，提供保障，努力打造学校“体育+心育”心理育人新生态。树立心理健康教育全员参与、全程渗透的意识，帮助每一个学生树立积极的世界观、人生观和价值观。

第三节 四习贯通提质

教育部发布的《关于加强师范生教育实践的意见》指出，在师范生培养方案中设置足量的教育实践课程，以教育见习、实习和研习为主要模块，构建包括师德体验、教学实践、班级管理实践、教研实践等全方位的教育实践内容体系，切实落实师范生教育实践累计不少于1个学期制度。教育实践的经历与体验对师范生来说是必要的，实习阶段的经历与感受对师范生的职业认同、情感评价、从教信念、专业精神与思想的形成，专业能力的提高，专业知识的扩展，实现从受教育者到教育者的角色转换以及后续专业社会化发展都有重要影响。要根据大学生所处的不同阶段和身心发展特点设计不同主题的心理育人内容，保证心理育人教育不断线。

一、心理育人四习贯通提质的重要性

（一）政策导向力

近年来，党和国家高度重视师范生教学实践能力的培养和师资质量的提升。2016年，教育部发布《关于加强师范生教育实践的意见》，要求丰富实践形式，提升效果。2018年，中共中央、国务院颁布了《关于全面深化新时代教师队伍建设改革的意见》，强调振兴教师教育，提高质量，加强实践训练。同年，教育部等五部门印发《教师教育振兴行动计划（2018—2022年）》，明确目标，创新模式，强化基本功。2022年，教育部等八部门印发《新时代基础教育强师计划》，再提改进教学方法，强化实践，提高培养质量。2023年，教育部等十七部门联合印发《全面加强和改进新时代学生心理健康工作专项行动计划（2023—2025年）》，明确提出了加强学生心理健康教

育的重要性和具体措施。心理健康教育已被纳入国家发展战略,成为教育领域的重要组成部分。国家层面高度重视学生心理健康教育工作,出台了一系列相关政策文件。这些政策文件为在四习融通中加强心理育人提供了坚实的政策基础。

(二)现实牵引力

师范生作为未来的教师,是教育事业发展的主力军。提升师范生的教育质量,对推动社会发展和民族振兴至关重要。随着时代变迁和社会进步,用人单位对师范生的专业化水平和实践能力提出了更高的要求。一方面,提升办学质量是小学及幼儿园解决生存问题的当务之急;另一方面,部分00后师范生存在不愿意从教、对儿童缺乏耐心等现象,幼儿园及小学迫切希望师范学校改革实践育人路径,培养“安教、乐教、善教”的师范毕业生。教育部指出,师范生教育实践存在不足,需加强。在新时代背景下,培养师范生的教学实践能力是顺应时代的需求,也是用人单位对师资质量的要求。教育的根本是立德树人,在四习融通中加强心理育人,可以更全面地了解学生的心理状态和需求,从而更有针对性地开展心理健康教育。同时,学生也可以在实践中发现自己的心理问题并寻求帮助,得到及时有效的干预和治疗,有助于培养学生的道德品质、社会责任感和积极向上的心态,促进学生的全面发展。全面发展是教育的重要目标之一,在四习融通中加强心理育人,可以帮助学生提升心理素质、增强自我认知和社会适应能力,从而实现全面发展。在四习融通中加强心理育人,有助于培养学生的道德品质、社会责任感和积极心态,与立德树人的目标相符。

(三)个体内驱力

师范生对教师职业的热爱是推动他们不断提升职业能力的重要因素。他们深知教师肩负着传道授业解惑的使命,对学生的成长和未来具有深远的影响。在教育实践中,他们意识到只有不断充实自己,提高自己的专业素养,才能更好地应对教育改革和发展带来的挑战。因此,他们积极学习各种教育理论知识，参加实践活动，提升自己的教育教学能力。

以满足职业发展的需要。

内驱力使师范生始终保持对教师职业的热爱、对教育事业的忠诚和对专业知识的追求，从而不断提升自己的职业能力。相关研究表明，目前我国师范生普遍存在基础教学能力薄弱、教学实施能力不足、教学实践循规蹈矩等问题。学习、见习、实习、研习等实践环节是提升学生实践能力的重要途径。同时，这些环节也是培养学生心理素质的关键时期。随着社会竞争的加剧和生活节奏的加快，学生面临的心理健康问题日益突出。在四习融通中加强心理育人，可以帮助学生及时识别和解决心理问题，促进其健康成长。在四习融通中加强心理育人，可以让学生在实践中学习、在体验中成长，实现实践能力与心理素质的双重提升。在四习融通中加强心理育人，可以确保心理健康教育贯穿始终，形成全方位、多层次的育人体系。

二、当前学习、见习、实习、研习存在的主要问题

当前四习重技能训练、轻情感养成，重外育、轻内塑。以下分别针对这四个阶段进行分析。

（一）学习阶段

在大一的学习阶段，学生刚刚开始接触和了解自己的专业。对于专业知识的获取，主要是通过课堂学习和参加专题讲座。这个阶段的专业技能的掌握主要是通过“三笔一话”，即毛笔、钢笔、粉笔和普通话的练习。在大一的学习阶段，学生正处于专业认知与基础技能构建的初期，这一阶段的学习经历对学生未来的职业发展至关重要。

1.知识吸收与理解的挑战带来的心理落差

大一课程往往涵盖广泛的基础知识，学生需要在短时间内吸收大量新信息，容易导致知识消化不良或遗忘。尽管课堂讲解了理论知识，但学生可能缺乏实际应用的场景，难以将抽象概念与现实生活或未来工作联系起

来。部分学生可能对自己的专业兴趣不浓厚,或发现所学内容与预期不符,导致学习动力不足。

2.“三笔一话”技能训练带来的心理落差

“三笔一话”作为基本教学技能,需要长时间的反复练习才能达到熟练,学生可能因为短期内看不到显著进步而感到沮丧。不同的学生在书写和语言表达方面的基础和能力存在差异,统一的教学要求难以满足所有学生的需求。过分强调“三笔一话”的标准化训练,可能忽视了学生特长和兴趣的发展,限制了学生的多元成长。

3.学习方法与策略的缺失带来的心理落差

大一学生刚从高中过渡到大学,可能尚未形成有效的自主学习习惯和方法,自主学习能力不足,导致学习效率低下。面对繁重的课程负担和多样化的校园活动,学生可能难以合理安排时间,导致学习与生活失衡。在学习知识的过程中,学生可能过于依赖教材和教师讲解,缺乏独立思考和批判性分析的能力。

4.师生交流与互动的不足带来的心理落差

课堂互动有限,在大班授课模式下,教师难以与每位学生进行深入交流,学生的疑问和困惑可能得不到及时解决。课后反馈机制不畅,缺乏有效的课后反馈渠道,学生无法及时了解自己的学习状况,教师也难以掌握学生的学习动态。学术指导缺失,对于有志于深入学术研究的学生而言,大一阶段可能缺乏足够的学术指导和资源支持。

(二)见习阶段

见习一般在大二阶段,教育见习指高等和中等师范学校的学生在教师指导下,到中学、小学或幼儿园,对教学和教育工作进行观摩,一般不参加实践。也有的学校把教育见习列入教学计划,规定专门时间进行。同时,部分学校规定学生在此期间要开展一些试教活动,以加深对学校真实教育情境的体验。

1.使命与不安并存

例如,学前教育专业师范生在参加集中驻园见习前大多参加过分散的、为期一周的幼儿园教育见习,多数学生停留在“看”的层面,没有实践机会,而为期4~5周的集中驻园见习要求师范生全天驻园,观察、了解幼儿园实际生态,并通过少量试教活动加深对幼儿园教育情境的体验。学前教育专业师范生也倾向于把集中驻园见习看作检验自身所学及未来是否适宜从教的一个宝贵机会。从这一角度来说,学前教育专业见习生带着强烈的使命感参加见习。

在见习生眼中,参加集中驻园见习活动意味着离开熟悉的象牙塔,走向充满可能性的幼儿园生活,见习生对即将面临的充满可能性的幼儿园生活感到不安、焦虑、迷茫,但又夹杂着对未知的好奇和兴奋。见习生提到:“见习前,心中其实有很多的不安,像是没长大的孩子要出远门一样,心中有激动、有彷徨。”“心里有紧张、有期待。紧张主要是因为怕指导老师不喜欢我,担心有什么事做不好;期待是因为这是我第一次正式接触这个职业。”“今天是第一天来到幼儿园,以一个见习者的身份,有点开心,也有点紧张。开心能够正式进入以后工作的环境,提前感受和熟悉。紧张是没有任何的实际经验,害怕不知道做什么。”总体而言,此阶段的见习生主要处于使命与不安并存且略显迷茫的期待期。学生可能因为缺乏明确的学习目标而感到迷茫,不清楚自己应该关注哪些方面的学习和提升,从而导致学习动力不足,缺乏积极性和主动性。目标不明确使得学生难以衡量自己的进步,无法获得成就感,进而影响到学习热情和持续性。

2.双重身份的尴尬与矛盾

在高等教育体系中,师范类见习生成为一个独特的群体。在高校的教育环境中,他们是接受专业教育的学生;而在中小学和幼儿园的实际教学环境中,他们则扮演着准教师的角色,参与教学实践但尚未获得正式的教师身份。这种双重身份的交织,使得见习生在实际的教学见习过程中,经常陷入身份认同的困境:他们究竟是见习生,还是见习教师?

其根源主要可归结为两个核心问题。首先,基于对见习生教学技巧及专业知识的疑虑。其次,幼儿及家长的评价和反馈对见习生的自我身份认同产生了显著影响。这些反馈不仅揭示了见习生在实际教学活动中的表现,同时也深刻影响了他们对自身见习教师身份的接受与认同。这种由内而外的双重压力,不仅使见习生在身份认同上感到矛盾和尴尬,在一定程度上影响见习生主体性的发挥,导致见习生无法认清自我身份,还可能对其职业发展产生长远的影响。有限的实践机会可能让学生感到自己的技能无法得到充分的锻炼和提升,进而产生挫败感和对自我能力的怀疑。缺乏实践机会使得学生难以将理论知识应用于实际情境中,无法验证自己的学习成果,从而影响到自信心和专业认同感。

(三)实习阶段

教育实习指的是高等和中等师范学校的学生在教师指导下,在中学、小学或幼儿园进行的教育和教学专业训练实践,一般在毕业前进行。狭义的教育实习即毕业实习,要求学生深度参与、全面参与教育情境中的各项活动,以尽快适应一线教师角色,为未来做好充分准备。

在实习过程中,实习生可能会遇到一些心理问题。例如,面对教学压力和管理挑战时,实习生可能会感到焦虑和不安。此外,对于如何有效地与学生沟通以及建立良好的师生关系,实习生也可能感到困惑。这些问题如果得不到妥善处理,可能会影响实习生的实习表现和教学效果。因此,学校和指导教师需要提供必要的心理支持和指导,帮助实习生应对这些挑战,确保他们能够顺利完成实习并成长为合格的教师。

1.角色定位模糊

部分实习生可能不清楚自己在团队中的具体角色和职责,导致工作方向不明确,难以有效融入团队。部分实习生可能被视为廉价劳动力,被分配过多琐碎或低价值的工作，影响其实习体验和技能提升。实习生的专业技能或知识储备可能无法满足实习岗位的实际需求，导致工作效率低下或无法完成工作任务。

2.缺乏必要的职业技能培训

实习生可能缺乏必要的职业技能培训，如软件操作、沟通技巧、项目管理等，使实习生在工作中感到力不从心。实习生可能面临来自工作本身的压力，如工作量大、任务紧急、质量标准高等，导致身心疲惫。工作环境、企业文化、人际关系等方面的差异也可能给实习生带来适应上的困难，影响其工作表现和心理健康。实习期间，实习生可能无法获得及时、有效的反馈，不了解自己的工作表现如何，难以发现自身的不足并进行改进。导师或指导人员可能因工作繁忙或其他原因，无法给予实习生充分的指导和支持，导致实习效果打折。

3.待遇权益得不到保障

实习生在实习过程中可能对自己的职业兴趣、职业定位和未来发展方向产生迷茫，缺乏明确的职业规划。实习经历与未来职业目标可能存在偏差，导致实习生对实习的重视程度和投入度不够。部分实习生可能面临实习待遇低、劳动权益得不到保障等问题，如工资低于法定标准、无社保福利、加班无补偿等。实习生在实习过程中可能遭遇职场欺凌、性别歧视等不公平待遇，影响其身心健康和职业发展。

（四）研习阶段

教育研习是一个争议较大的概念。不同院校对此有不同的界定。有些院校将其看作是大三学生以课题项目为载体，基于兴趣驱动参加的带有研究性特征的一种实习形式。有些院校则将其理解为在老师指导下，学生通过教育实习经验交流、教学设计文本研讨、课堂教学观察评议等形式对实习中出现的问题进行反思和研讨。概言之，教育见习、教育实习、教育研习是相互联系、相互促进的教育实践方式。其中，教育见习重在初步感知实践，教育实习重在深度体验实践，教育研习重在反思与探究实践。

1.多元化的定义和实践方式

教育研习的定义在不同教育机构中存在显著差异，这一现象反映了教育领域对于实践教学模式理解的多样性。在一些院校中，教育研习被视为一种高级的学习形式，要求学生在大三阶段基于个人的学术兴趣，通过参与课题项目的方式，进行深入的研究和探索。这种模式强调了学生的主动性和研究性，旨在培养学生独立思考和解决问题的能力。

这种多元化的定义和实践方式带来了一些问题。首先，不同院校对教育研习的理解和实施方式不一致，可能导致学生在不同教育环境中的学习经验难以比较和转移。其次，过于强调研究性或实践性的教育研习模式，可能会忽视其他方面的培养，从而影响学生全面能力的提升。因此，如何在保持教育研习多样性的同时，确保其教育效果的一致性和有效性，是当前教育实践中亟需重视的问题。部分研习项目可能受限于导师的研究方向或课题资源，导致学生的研究选题缺乏新颖性和创新性。学生在进行研究时，可能因缺乏经验或指导，选择了不合适的研究方法或工具，影响了研究的科学性和准确性。即使学生取得了有价值的研究成果，由于缺乏相应的转化机制或资源支持，这些成果也难以转化为实际应用或进一步研究的基础。

2.自我价值困惑

学生可能面临教育研习经历差异大、难以衡量的问题，产生自我价值困惑，影响自信心和自我认同。非传统研习模式的学生可能感到不被重视，产生孤独和挫败感。研习的独立性和研究性要求可能给学生带来学业和心理压力，缺乏指导或资源支持时表现更为明显。过度强调研究成果转化也会增加学生的压力。选择研习项目和课题时，学生可能会选择困难，产生决策冲突和焦虑。资源有限或竞争激烈时，还需在多个兴趣间取舍，引发内心矛盾。研习需独立思考，可能导致社交隔离，影响心理健康和学习动力。当学生在研究过程中遇到挫折或失败时，可能会产生强烈的挫败感和自我怀疑。这种情绪可能源于研究方法不当、实验结果失败或研究成果无法转化等多个方面。挫败感和自我怀疑可能会削弱学生的研究兴趣和动力，甚至导致他们放弃原本的研究计划或目标。

三、四习融通，实践赋能

（一）不同阶段心理育人不断线

大一阶段，应立足于新生所处的特殊阶段，开展新生专业学习教育，讲解常见的新生入学适应问题，进行专业学业指导；大二阶段，开展职业发展方向教育，引导学生思考“要什么、能做什么、适合做什么”，分析自己的就业方向和所需具备的能力。大三阶段，应以“用好面试技巧，助力求职就业”等为主题，开展面试前准备、面试礼仪与服饰、面试技巧应对、个人简历制作、求职心理、警惕求职陷阱、预防就业诈骗等培训或讲座，助力学生的求职之路。心理育人的主题内容在不同阶段有不同的侧重点，实现心理育人不断线。

（二）四习贯通提质的心理育人对策

在培养未来教育者的过程中，心理育人内容的设计必须精准地反映师范生在不同发展阶段的身心特征和实际需求。在师范生成长历程的四个关键阶段，每个阶段都有其特点和需求。心理育人内容的设计应紧密结合师范生的身心发展特点和实际需求，以确保最佳的教育效果，培养出具有全面素质和优秀教育能力的未来教育者，为我国教育事业的发展贡献力量。

1.学习阶段

（1）阶段特点

学习阶段是师范生初步接触教育领域的阶段，师范生刚进入大学，对于未来的职业规划和教育理念尚处于探索阶段。他们可能因新环境和新任务而感到困惑和焦虑。此时，师范生需要逐渐适应从学习者到教育者的角色转变，心理育人内容应注重培养师范生的职业认同感和教育热情，帮助他们树立正确的教育观念，并开始探索适合自己的教育方法和技巧。

(2)心理育人内容设计

情绪调适与压力管理:通过专题讲座、心理辅导活动等形式,帮助师范生了解情绪管理的重要性,掌握有效的情绪调节技巧。同时,针对师范生可能遇到的焦虑、紧张等情绪问题,提供具体的应对策略和建议。

角色扮演与模拟课堂:组织师范生进行角色扮演和模拟课堂活动,让他们亲身体验教学过程中的各种情境。通过模拟活动,帮助师范生建立自信心,提升自我认知能力,并发现自己在教育教学方面的优势和不足。

反思与总结:引导师范生对学习进行反思和总结,鼓励他们分享自己的感受和经验。通过反思和总结,帮助师范生更好地认识自己,为后续的见习、实习和研习阶段做好准备。

2.见习阶段

(1)阶段特点

见习阶段是师范生进一步深入教育领域、学习优秀教师教学经验和班级管理技巧的关键阶段。师范生开始接触到实际的教育环境,对于教育实践有了初步的认识。此时,心理育人内容应关注师范生的实践能力和心理素质的提升,提高他们解决实际教育问题的能力,以及面对挑战时的心理承受能力。此阶段,师范生逐渐明确自己的教育角色和使命,并产生对教育事业的责任感和使命感。

(2)心理育人内容设计

角色认知与定位:通过专题讲座、讨论会等形式,帮助师范生深入了解教师角色的内涵和外延,明确自己作为未来教师的责任和使命。同时,引导师范生结合自己的兴趣和特长,寻找适合自己的教育方向。

观摩学习与班级管理:组织师范生观摩优秀教师的课堂教学和班级管理,让他们感受优秀教师的教学风格和管理技巧。通过观摩学习,帮助师范生建立正确的教育教学理念,提升班级管理能力。

团队协作与沟通技能:强调团队协作和沟通在教育工作中的重要性,组织师范生参与团队活动、小组讨论等,培养他们的团队协作能力和沟通技能。同时,引导师范生学会与同事、学生和家长进行有效沟通,建立良好的人际关系。

3.实习阶段

(1)阶段特点

实习阶段是师范生将理论知识与实践相结合的重要阶段。在此阶段,师范生需要在实际的教学环境中进行教学实践,通过实践提高自己的教学技能和创新能力。师范生将直接参与教育实践,面临更多的挑战和压力。此阶段心理育人内容应重点关注师范生的心理调适能力和职业素养的培养,帮助他们建立良好的职业习惯,提高教育实践中的自我调节能力。

(2)心理育人内容设计

教学计划设计与实施:指导师范生制定详细的教学计划,包括教学目标、教学内容、教学方法等。在这个过程中,师范生需要深入理解课程标准,充分考虑学生的实际情况和学习需求,以确保教学计划的有效性和针对性。鼓励他们结合实际情况进行灵活调整和创新,培养实践创新能力。

课堂管理与教学技巧:通过现场指导、案例分析等方式,帮助师范生掌握有效的课堂管理技巧和教学策略。引导他们关注学生的学习需求和兴趣点,激发学生的学习兴趣和积极性。通过设计富有趣味性和挑战性的教学活动,点燃学生内心的学习热情,并提升他们在学习过程中的参与度和积极性。

反思与改进:引导师范生对自己的教学实践进行反思和总结,找出存在的问题和不足,并提出改进措施。同时,鼓励师范生向优秀教师请教、交流经验,不断提升自己的教育教学水平。师范生通过参加各种教育培训、研讨会和教学比赛等活动,进一步拓宽自己的教育教学视野,增强自己的教育教学技能,从而更好地适应未来教育发展的需求,为我国的教育事业做出更大的贡献。

4.研习阶段

(1)阶段特点

研习阶段是师范生进一步深入研究教育理论和教学方法、提升专业素养的重要阶段。在此阶段,师范生需要关注教育领域的最新动态和发展趋势,提升教育研究能力和专业素养,为未来的教育事业发展做好准备。此时,心理育人内容应注重培养师范生的创新精神和团队合作能力,激发他们的研究兴趣,为成为优秀的教育研究者奠定基础。

(2)心理育人内容设计

教育研究方法与实践:通过专题讲座、实践研究等方式,向师范生介绍教育研究的基本方法和流程,提高他们的教育研究能力。同时,鼓励师范生结合自己的教学实践开展教育研究活动,积累研究经验。

专业素养与职业发展:引导师范生关注教育领域的最新动态和发展趋势,了解教育政策和改革方向。同时,结合职业规划和专业发展方向,帮助他们制定个人成长计划,提升专业素养和职业发展能力。

学术交流与经验分享:组织师范生参与学术会议、教育论坛等活动,拓宽他们的学术视野和交流平台。鼓励师范生分享自己的研究成果和经验体会,促进师范生的学习和成长。

心理育人是一个持续不断的过程,需要贯穿于师范生培养的全过程。通过分阶段、有针对性的心理育人内容设计,可以确保师范生在每个成长阶段都能获得最适宜的支持和指导,从而为成为优秀的教育者打下坚实的基础。

四、四习贯通教学体系

高等师范学校应以师范生能力培养为核心,实行实践技能课程化教学改革,构建贯穿于师范生学习、见习、实习、研习的实践教学体系,开展专业名著阅读、“三字一话”训练和技能实训,提高学生的专业认知水平和基本技能。每学年深入中小学观摩课堂教学及班级管理和教研活动,提升学生的教学技能。通过观摩教学视频、进行教学设计、研讨分析中小学教材和教学方法等,提高学生的教学操作技能。通过教育实习和毕业设计等技能训练,夯实学生的实践能力。

四习贯通教学体系涵盖师德体验、教学实践、班级管理实践和教材研究等,将理论课程教学和实践技能培养有机地融合在教师培养中,解决了师范生培养中理论与实践脱节的问题。师范生到实践基地进行见习和实习,取得明显成效。四习贯通教学体系做到了“职前+职后”的无缝衔接,“校内+校外”的有机融合,“输出+输入”的良性循环,在“共研、共进、共享、共赢”中真正形成了教师培养、培训、研究和服务一体化的共同体联盟,为当下基础教育师资培养体系研究提供了一个生动鲜活的理论与实践范式。

教育研习是教育实习的延伸,是对教育实习的深度反思,是对教育实习中遇到的没有解决或思考不透的现实问题的研讨,目的是解决教育实习中遇到的教育教学问题,增进对教育和教学的理解和认识,增强师德体验与教研感受,提升班级管理艺术与专业素养。

教育实践从最初的比较单一的教育实习,到增加教育见习,再到增加教育研习,是一种发展和进步。依据师范类专业认证标准,教育见习、教育实习、教育研习要求四年贯通,涵盖师德体验、教学实践、班级管理实践和教研实践等领域。然而,各学校对教育研习的认识存在较大偏差,实施层面问题严重,导致教育研习质量不高,直接影响了教育研习功能的实现和师范生培养目标的达成。

第四章 高等师范学校心理育人路径

高等师范学校心理育人工作应紧密结合教育对象的成长轨迹与心理特质,精准把握其心理需求,积极应对现实矛盾,进而构建出一条科学高效的心理育人路径。

第一节 创建高等师范学校心理育人多元化实践平台

通过实践可以学习真知、提升能力。推动心理育人实践活动,应在遵循其核心原则的基础上,整合资源,建立多元化的心理育人平台,丰富学生的心理认知和体验,从多元化实践中促进高校心理育人的实现。

一、依托校园文化活动,增强心理育人的效果

高校各类校园文化活动是心理育人的重要载体。习近平总书记指出,要更加注重以文化人以文育人,广泛开展文明校园创建,开展形式多样、健康向上、格调高雅的校园文化活动。要促进高校心理育人,就要创新心理育人的载体和形式,推动实践活动立体化发展。校园文化活动对个体心理成长具有重要作用,各学科可结合专业特色开展心理育人工作,引领学生心灵成长。

(一)打造以"心理"为主题的精品活动

高校应深入挖掘心理育人的内涵,打造一系列以"心理"为主题的精品活动。这些活动旨在引导学生关注心理健康,提升心理素质,实现全面发展。例如,可以举办心理健康周活动,通过讲座、展览、心理测试等多种形式,让学生全面了解心理健康知识。同时,还可以开设心理沙龙,邀请心理

学专家或心理咨询师与学生面对面交流，解答学生在成长中遇到的困惑和问题。

（二）结合专业特色开展心理育人工作

各学科可以根据专业特色，开展具有针对性的心理育人工作。例如：语文课程可以组织文学创作比赛，鼓励学生通过文字表达内心的情感，提升情感表达和沟通能力；思政与法治课程可以举办模拟法庭活动，让学生在模拟的法庭环境中体验法律的庄严与公正，培养学生的理性思维和解决问题的能力。这样的活动不仅能够提升学生的专业技能，还能在潜移默化中提高他们的心理素质。

（三）开展课程实践活动，感受心理教育的魅力

在课程设置上，高校应注重将心理教育融入各类课程中。通过设计富有创意的课程实践活动，让学生在课堂学习中感受到心理教育的魅力。例如：在体育课中，可以引入拓展训练项目，让学生在团队合作中学会信任、沟通和协作；在思政课中，可以组织学生开展社会实践活动，让他们在实践中体验社会责任和担当。这些课程实践活动不仅能够增强学生的学习兴趣和动力，还能在潜移默化中提升他们的心理素质。

（四）探索和创新心理育人的新形式和新途径

高校应不断探索和创新心理育人的新形式和新途径，形成具有自身特色的心理育人品牌，这既是对学校心理育人工作的肯定和推广，也是对全校师生的激励和鼓舞。例如，可以举办心理文化节、心理剧大赛等活动，将心理育人的理念融入校园文化中，形成浓厚的心理育人氛围。同时，还可以与校外机构合作，共同开展心理教育项目，拓展心理育人的影响力和辐射面。

（五）加强心理育人队伍建设，提升专业素养

心理育人工作的顺利开展离不开一支专业、高效的心理育人队伍。高

校应加强对心理育人队伍的建设和管理,提升他们的专业素养和实践能力。高校应加强对心理辅导员的培训和教育,提高他们的心理咨询和辅导能力。同时,还要鼓励教师参与心理育人工作,将心理教育融入课堂教学中。此外,还可以邀请校外心理学专家或心理咨询师来校开展讲座或指导工作,为心理育人工作提供有力支持。

二、丰富社会实践活动体验,拓展心理育人的载体

参加社会实践活动,不仅能够提高学生的综合素质,还能让学生在实践中体验人生,丰富心灵。社会实践是心理育人不可或缺的载体。在社会实践中,学生面临各种挑战和困难,需要调动内心的力量去克服。这个过程有助于培养学生自信、独立、坚强、合作等品质。社会实践活动能够丰富学生的人生经验,通过参与不同领域的实践活动,学生能够拓宽视野,增长知识,丰富心灵,提高适应社会的能力。在社会实践中,学生学会关心社会、关爱他人,能够培养学生的社会责任感和公民素养。

(一)实现实践活动的层次化

丰富社会实践活动体验,拓展心理育人载体,有助于学生在实践中成长,培养具有全面素质的新时代人才。高等师范学校应高度重视社会实践活动,不断创新活动形式,为学生提供更多优质实践活动机会。高校心理育人工作应针对不同年级、不同专业的学生特点,实现实践活动的层次化,提高覆盖面。对于新生,可以开展适应性教育和心理健康测试,帮助他们尽快适应大学生活;对于高年级学生,可以组织职业生涯规划、就业心理辅导等活动,帮助他们更好地面对未来的挑战。同时,还可以针对不同专业的学生特点,开展具有专业特色的心理育人活动,如医学专业的心理健康讲座、艺术专业的心理剧创作等,使心理育人工作更加贴近学生实际。

(二)开展第二课堂实践活动

高校可利用班会、团日活动、党日活动等,将心理育人融入活动中。军

事训练实践能磨炼意志，培养乐观坚韧的心理品格；创业实践能锻炼创造性思维，提高团队协作能力；专业实践和实习支教能提升职业能力和社会适应能力；勤工助学能培养自强自立的品质。这些活动不仅能够提高学生的综合素质，还能解答学生的心理困惑，引发学生的情感共鸣，促进学生心理成熟，达到心理育人的目的。高校应加强大学生的社会实践和志愿服务活动，引导他们深入社会，了解社会实情，提升社会适应能力。在志愿服务中，学生学会面对挫折、克服困难，树立自信、自立、自强的人格品质。同时，高校应加强大学生的红色实践体验，通过参观红色基地、革命遗物和遗址，让他们感悟革命精神力量，在爱国主义教育中锻炼意志品质。

三、借助现代信息技术，拓展心理育人方法

借助现代信息技术，可以拓展心理育人方法，为广大师生提供更加丰富、有效的心理健康服务。

第一，利用现代信息技术搭建心理健康教育网络平台。通过这个平台，师生可以随时随地获取心理健康知识、参与心理测试、咨询心理问题等。这样一来，心理健康教育不再受时间和地点的限制，变得更加便捷。此外，网络平台还可以开展线上心理辅导，为有需求的学生提供及时的帮助。

第二，现代信息技术可以丰富心理健康教育的内容和形式。借助多媒体技术，可以将心理健康教育课程变得更加生动有趣，提高学生的学习兴趣和参与度。同时，通过网络平台，可以开展多样化的心理健康活动，如心理讲座、心理沙龙、心理电影观影等，让学生在轻松愉快的氛围中收获心理健康知识。

第三，现代信息技术有助于提高心理健康教育的个性化程度。利用现代信息技术，可以通过多元途径获取大学生的各类数据，构建心理健康数据反馈体系。利用现代信息技术，可以促进数据共享、整合、分析和反馈，提高数据利用率。通过大数据分析，可以了解学生的心理状况和需求，为学生提供量身定制的心理健康服务。此外，现代信息技术还可以实现心理健康教育的智能化，为学生提供智能化的心理辅导和建议。

第四，现代信息技术可以加强心理健康教育的宣传和推广。借助社交媒体、校园网等渠道，可以及时发布心理健康资讯、心理测试、心理案例等内容，提高师生的心理素养，营造良好的心理健康教育氛围。

四、搭建心理危机管理平台，建立有效的心理干预机制

在现代社会，人们面临着来自生活、工作、学习等各方面的压力，这些压力可能导致心理危机的出现。心理育人中的心理危机管理是心理健康教育专职教师和辅导员特别要重视的问题。

（一）优化全面的心理危机干预机制

高校心理危机干预需要遵循《中华人民共和国精神卫生法》框架，建立常态化工作机制，实现从被动到主动、从短程到全程的转变。关键少数和底线思维在心理育人中尤为重要。要完善心理问题发现和筛查机制，依托大数据平台，采用多种手段全方位收集学生信息。

一是建立心理危机风险评估和研判机制，对心理危机紧急程度、自杀风险、身心状态等方面进行评估。对大学生进行心理健康问题的定期筛查和跟踪反馈，重视各年级各阶段的心理健康问题普查和分析。由专业团队定期召开大学生心理危机评估和研判会议。

二是建立心理危机应急处置机制，包括心理危机治疗、阻控、监护和救助体系，形成全过程干预体系。建立有效的心理危机应急预案和组织保障，明确应急组织或部门的职责。

三是建立有效的心理预防和干预机制，加强四级预警防控体系，发挥学校、院系、班级、宿舍的作用，加大对预警防控体系的宣传和培训，增强预警防控意识和能力。在心理危机预防和干预工作中，要解决当前危机事件并深入分析原因，防止危机事件的再次发生。

为了优化全方位的心理危机干预机制，高校在心理危机干预工作中必须严格遵循《中华人民共和国精神卫生法》的指导原则，构建一套常态化的工作机制，以实现从被动响应向主动预防、从短程应急向全程关护的转

变。在这个过程中，重视关键少数群体的特殊需求、秉持守住底线的原则至关重要。

（二）制定个性化心理干预策略

制定个性化心理干预策略旨在针对个体的心理需求，帮助个体解决心理问题，提升心理健康水平，从而提高生活质量。在这个过程中，了解个体差异、识别心理需求、制定针对性的干预措施是关键。

首先，了解个体差异。每个人在面对心理问题时，其应对方式都有所不同。了解个体的性格特点、成长环境、生活经历等，有助于找出心理问题的根源，为制定个性化干预策略提供依据。

其次，识别心理需求。在了解个体差异的基础上，进一步分析个体在心理层面的需求，包括缓解负面情绪、提高心理素质、改善人际关系等方面。通过识别心理需求，可以确保干预措施更具针对性。

再次，制定针对性的干预措施。根据个体差异和心理需求，运用专业心理干预技术，如认知行为疗法、心理动力学疗法等，结合个体实际情况，制定出符合个体特点的干预方案。

最后，实施干预并跟进评估。在实施个性化心理干预过程中，关注个体的反馈，及时调整干预策略。同时，定期进行评估，以了解干预效果，为后续干预提供参考。

总之，制定个性化心理干预策略是一个系统性的过程，需要从多个层面进行考虑。通过了解个体差异、识别心理需求、制定针对性的干预措施以及实施干预并跟进评估，有助于提高心理干预的有效性，促进个体心理健康发展。在实际操作中，心理工作者应不断学习、积累经验，以提高自身的专业素养，为更多需要帮助的个体提供优质的心理干预服务。

（三）构建精细化的心理干预记录体系

为了及时跟踪和评估心理干预的成效，并持续优化心理干预策略，应建立精细化的心理干预记录体系。

1.干预过程详尽记录

(1)干预日期:_____年____月____日。

(2)干预对象:_____(姓名)。

(3)干预方式:_____(如:面对面咨询、电话咨询、网络咨询等)。

(4)干预时间:_____分钟。

(5)干预内容:

①深入了解来访者当前的心理状态、生活状况以及所面临的实际问题;

②针对来访者的具体状况,提供恰当的心理辅导和专业建议;

③指导来访者有效应对心理危机,提升自我心理调适能力;

④提醒来访者关注身心健康,培养并保持良好的生活习惯。

(6)来访者反馈:客观记录来访者对干预过程的满意度、有无不适等反馈情况。

2.干预效果科学评估

(1)短期效果:具体描述来访者在干预后的短期变化,如情绪稳定、生活逐步恢复正常等。

(2)长期效果:全面分析来访者在干预后的长期发展趋势,如心理素质显著提升、生活质量明显改善等。

3.干预经验系统总结

(1)在干预过程中,耐心倾听来访者的诉求,深入了解其真实感受。

(2)根据来访者的个性化需求,灵活调整干预策略和方法,确保干预的有效性。

(3)满足来访者的心理需求,提高心理干预的针对性和实效性。

(4)持续关注来访者干预后的变化,确保干预效果的持续性和稳定性。

4.后续干预计划制定

(1)定期安排心理辅导,持续关注来访者的心理动态变化。

(2)加强与来访者的沟通交流,及时了解其生活中的困难和需求。

(3)结合来访者的实际情况,制定并实施个性化的心理干预方案。

(4) 邀请来访者参与各类心理讲座、小组活动等,帮助其提升心理素质,增强心理韧性。

通过以上精细化的心理干预记录体系,能够更加全面深入地了解来访者的心理需求和状况,为后续的心理干预工作提供有力支持。同时,也有助于高校不断提升心理干预的专业化水平和服务质量,为来访者提供更加优质、高效的心理服务。

第二节 完善高等师范学校心理育人课程防控体系

课程育人是高校育人体系的关键部分,是高校立德树人的主要途径。高校应深化心理健康教育课程改革,充分挖掘心理育人课程资源,形成多元化的心理育人课程群;强化心理育人课程设置,将心理健康教育融入课程体系,提高教育对象的心理素质;按照"全方位融入、全面覆盖、分级实施、有效衔接"的思路,构建全覆盖、有梯度、不断线的心理育人课程体系,确保心理育人的有效实施。

心理育人课程防控体系如图4-1所示。

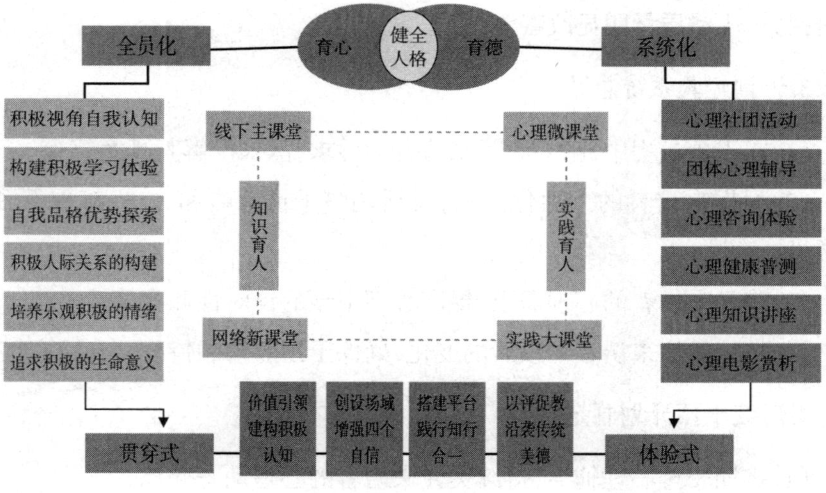

图4-1 心理育人课程防控体系

一、结合线上线下,实现教育教学的创新供给

心理健康教育课程是高校宣传与普及心理健康知识的重要途径,高校可结合线上线下的教育模式,努力实现教学的创新供给,提供更为充实和多元化的教学内容,打造由"线下主课堂+网络新课堂+心理微课堂+实践大课堂"构成的心理健康教育系列课程,实现心理健康教育课程教学从线下到线上的延伸,从线上又回到社会生活实践的无缝对接。充实心理育人的教学架构。

(一)线下主课堂

大学生心理健康教育课程线下主课堂是心理健康教育的重要途径,旨在提高大学生的心理素质,培养心理健康的社会主义建设者和接班人。线下主课堂的课程内容包括心理健康基本知识、心理素质培养、心理调适技巧、心理危机干预以及心理卫生与心理咨询。高校应将线下心理健康教育课程纳入人才培养方案,确保全覆盖。积极推动互动体验式课程的教学革新,点燃心理学堂的动力。以互动体验式教学方式为核心,充分发挥大学生的主体性,提高学习效果。构建浸润式情境课堂,激发学生的学习兴趣。设计丰富的课堂环节,包括暖身活动、知识点呈现、活动体验、分享讨论和总结提升等。开展多样化的实践活动,如小游戏、人际交往体验活动、冥想放松训练等。帮助大学生提高心理健康意识、培养心理调适能力、促进人际交往、降低心理问题发生率。注重教学质量的提升,提高心理健康教育课程的教学质量。

(二)网络新课堂

网络新课堂凭借其独特优势,为学生带来更加便捷高效的学习体验。网络新课堂的显著特点在于其高度的互动性。借助互联网,教师与学生得以实时交流,无论是讨论,还是提问和解答,均可以在网络平台上进行。这种互动方式既提升了误堂的趣味性,又极大地提高了学生的参与度。此外,

网络新课堂强调个性化教学。通过大数据分析,教师能更好地了解学生的特点与需求,为他们量身打造教学方案。因此,教学变得更加精准,更能满足学生的个性化需求。

网络课堂的资源优势亦不可忽视。网络新课堂汇集了众多心理专家的智慧,提供了丰富的课程内容及实践案例。学生可随时随地接触到优质的教育资源,不再受到地域与时间的限制。网络新课堂尤为注重实践,鼓励学生参与各类实践活动,通过心理测试、案例分析和小组讨论等方式,将理论知识应用于实践。这不仅有助于学生深入理解知识,还能提升学生的心理素质。同时,网络新课堂关注学生的心理健康,能够实时监测学生的心理健康状况。一旦发现学生存在心理问题,教师可及时干预,提供必要的心理援助。最后,网络新课堂致力于普及心理健康知识,学生可通过网络平台轻松获取心理保健和心理调适方面的知识,从而提高心理素养。

(三)心理微课堂

心理微课堂以短小精悍、内容新颖、形式活泼、即时互动为特点,通过短视频或微视频来宣传和普及心理健康知识。心理微视频在微信公众号、微博、抖音等媒体平台上发布,使用动漫或图片配合文字解说的方式,帮助大学生认识和理解心理健康的知识点,以大学生喜闻乐见的方式传播心理健康知识,极大地满足大学生的学习需求。可视化动画场景赋予大学生丰富的视觉感受,能够提高大学生学习的参与度和兴趣度,增强学习的互动性和体验性。心理微课堂符合大学生碎片化场景下的学习特点,大学生可以利用生活化和碎片化的时间进行学习,创新了大学生学习的场景和形式,成为高校心理健康教育课程的重要补充。

(四)实践大课堂

实践大课堂以心理实践体验为核心,旨在帮助大学生在实践中收获感悟,提升心理素质。实践教学作为一种全新的教学模式,在我国教育领域正逐渐受到重视。教师在实践教学中发挥着关键作用,他们需要精心设计实践环节,合理设置学时,引导学生撰写实践报告,并将实践成果纳入考核体系。实践教学形式丰富多样,主要包括团体实践和个体实践两大类。团体实践旨在提升大学生的团队协作能力和沟通能力,包括不同主题的团体心理辅导、心理主题班会活动等。通过这些活动,大学生可以在互动中加深对心理知识的理解,培养良好的心理素质。个体实践则注重大学生的个性化发展,鼓励他们根据自己的兴趣和需求选择实践内容。例如,认识新朋友、记录生活中的小变化等。个体实践有助于大学生更好地认识自己,提升自我调适能力。

二、结合必修选修增强课程思政的连接性

教育部于2020年5月发布《高等学校课程思政建设指导纲要》,明确将心理健康教育作为课程思政建设内容的一个重要方面,进一步提升了心理健康教育在思想政治教育中的地位。课程思政蕴含丰富的隐性思政元素,包括专业必修课、通识课、公共基础课等各类课程,这些课程都承担着传授知识、提升技能和引领价值的任务。学科专任教师应树立课程思政的教学理念,挖掘课程中的心理育人元素,有目的、有计划、有意识地在教学中渗透心理育人,以促进大学生的身心健康发展。教师需遵循知识的思政逻辑,将价值引导融入知识传授中,明确学科教学的目的不仅是传授知识,更在于提升学生的道德品质,促进学生的身心健康。教师需遵循教学过程的思政逻辑,在课堂教学过程中有机融入心理育人。这要求教师在教学过程中运用心理学原理和方法,结合教材内容,精心组织教学,帮助大学生形成良好的心理品质,维护其心理健康。

(一)学科专任教师应遵循知识的思政逻辑

学科专任教师应树立正确的教学理念,把价值引导有机融入知识传授中。学科专任教师应明确各学科教学的目的是帮助学生掌握基础科学文化知识,提高学生的道德品质,帮助学生形成良好的行为习惯,促进学生德、智、体、美、劳全面发展及身心健康和谐发展。社会科学类课程和自然科学

类课程中实际上都包含心理因素，体现出社会认知、意志品质、社会情感、人文精神等，应以知识教育支撑价值引导，在价值引导中促进知识传授，把知识传授与情感、意志、行为训练有机结合起来，使课堂成为提升心理素质的必要途径。

（二）学科专任教师应遵循教学过程的思政逻辑

学科专任教师应在课堂教学过程中有机融入心理育人。课堂教学过程不仅是大学生学习知识的过程，更是师生之间互动交流的过程，是师生双方情感、态度、意志、性格等心理因素相互作用的过程。在这个过程中，师生关系、课程互动、课堂氛围、课堂管理模式、教师对学生反馈的态度以及教师的心理健康状况等都会对大学生的心理发展和心理健康产生影响。这就要求教师在学科教学过程中自觉地、有意识地运用心理学的原理和方法，在给学生传授知识技能的同时，根据学生的心理发展规律，结合学科教材内容，精心组织课堂教学，鼓励师生之间知识、情感、价值的交流，在此基础上产生心灵的碰撞与共鸣。学科专任教师应给学生多一些的支持和鼓励，帮助学生形成良好的心理品质，自觉维护学生的心理健康。

三、结合育心育德凸显时政教材的价值意义

在高校开设的思想政治理论主干课程中，心理育人资源丰富，对大学生的心理发展有积极促进作用。这些课程通过提升心理素质，塑造积极的心理品质，推动心理育人的实现。

马克思主义哲学为大学生解决问题提供了世界观和方法论指导，帮助大学生形成积极乐观的思维模式，提升解决现实问题的能力，减少心理问题的发生。革命文化资源有助于涵养大学生的心态。教师应以习近平新时代中国特色社会主义思想分析现实问题，发现和回应大学生的思想和心理上的困惑，引导大学生树立自尊自信、理性平和、积极向上的健康心态。

“中国近现代史纲要”课程展现了中国人民的奋斗历史，以及中国人民不畏牺牲、忠诚乐观、勇于进取、积极向上的精神品质。“毛泽东思想和中国

特色社会主义理论体系概论”课程展示了马克思主义中国化的理论成果,解答了大学生的思想之惑和心理之惑。

讲好党的故事是涵养大学生心态的另一个重要途径。通过讲述党的光辉历程和伟大成就,可以唤起大学生的情感认同和心理共鸣,促进他们的心灵成长。这些故事不仅能让大学生深刻感受到中国共产党的伟大和正确,也让他们更加坚定走中国特色社会主义道路的信心和决心。同时,教师还应引导大学生正确看待社会现象,传播正确的思想理论、道德情感和社会主义核心价值观,促进大学生心理素质与思想政治素质协调发展。教育部明确将心理健康教育作为课程思政建设内容的一个重要方面,强调显性教育和隐性教育相统一,挖掘其他课程中的思想政治教育资源,实现全员全程全方位育人。学科专任教师应遵循知识的思政逻辑和教学过程的思政逻辑,在传授知识的同时有机融入心理育人,促进大学生的身心健康发展。

教师应处理好显性知识与隐性价值引导的关系。这种融入应贯穿于心理健康教育课程教学的各个环节,如课堂授课、体验分享、作业考核等。例如,在“大学生心理健康”的授课中,除介绍心理健康标准等基本常识外,还应介绍健康中国背景下的国民心理健康素养要求、国家社会心理服务体系建设情况等,引导大学生养成健康的生活方式。在“大学生自我意识培养”的授课中,应引导大学生正确处理自我与他人、自我与社会的关系,实现从非独立“社会人”到独立“社会人”的转变。课堂体验环节可通过角色扮演、设计情景式教学等方式,让大学生在体验冲突、觉察冲突和化解冲突的过程中完成对自己价值观的澄清、判断、选择和重构的过程。心理教育是一门综合课程,应融入道德、文化、法律、可持续发展等核心要素,给学生带来更广阔的思考空间和发展平台。教育部要求将心理健康教育课程纳入学校整体教学计划,培育学生的健康心态,使学生的心理健康素质、思想道德素质、科学文化素质协调发展。心理健康教育的内容应具有时代性、针对性、多样性和实用性,引导学生掌握科学的心理调适方法,强化学生对理想信念、人生价值等形成正确认知。

第三节 健全高等师范学校心理育人工作管理机制

高校心理育人是一项系统工程,需要构建系统化的心理育人运行体系,使心理育人工作从局部向整体拓展,实现由“点”到“面”的结合。恩格斯指出,许多人协作,许多力量融合为一个总的力量,就产生“新力量”,这种力量和它的单个力量的总和有本质的差别。习近平指出,办好教育事业,家庭、学校、政府、社会都有责任。高校心理育人价值的实现就是要发挥系统要素的作用,实现其整体的创新发展,建立起“个体—朋辈—学校—家庭—社会—政府”多元共生的心理育人运行体系。

一、全员心理育人机制:合力建设多层次心理育人队伍

心理育人队伍包括高校的教育者和学生朋辈,以及家长、社会人士、团体和机构等。狭义上,心理育人队伍包括高校党政领导干部、辅导员等政工干部、心理健康教育专职教师、兼职心理咨询师、思想政治理论课教师、学科专任教师、班主任、导师、行政人员、后勤服务人员等组成的心理育人教师队伍,以及学生朋辈,如班级心理委员、宿舍心理信息员、学生党员、学生干部、学生心理社团等。要实现心理育人全员参与,需要提升心理育人教师队伍的政治素养、道德水平和专业胜任力,紧紧围绕立德树人的使命,明确工作职责和工作任务重点。心理育人想要发挥育人的成效,必须加强育人队伍的建设,在解决育人队伍供给失衡问题的同时,实现“一加一大于二”的作用。

(一)发挥教师群体的主导力量

专业化的心理育人队伍是提高心理健康教育质量的关键。应加大对心理学专业人才的培养力度,支持高校设立心理学相关专业,扩大招生规模,提高教学质量。此外,还要加强对在职教师的心理健康教育培训,提高在职教师的心理健康教育能力。通过多种途径,培养一支具备专业素质和实际操作能力的心理育人队伍。

专家团队是心理育人事业专业化和职业化发展的基石，在全员教育、心理咨询以及危机干预等多个层面，专家团队发挥着至关重要的专业指导作用。为确保专业水平和服务质量，应对专职和兼职咨询师进行岗前培训、入职考核、持续的专业培训以及定期的督导，并且要求其符合国家心理学会临床与咨询心理学分会注册系统的相关标准和要求。

专家团队应积极参与长期的系统化的专业培训和督导活动，不断提升心理育人专业素养；开展教育研究活动，申报高校心理育人专项课题，对学生心理素质提升、心理应对能力提升、积极心态塑造、心理危机预防与跟进等方面进行深入研究，从而指导实际工作；以小组形式定期进行具体案例研讨和经验分享，通过思想碰撞总结经验教训，拓展工作思路。

学生工作教师队伍在防范和处理危机方面扮演着至关重要的角色。学生工作教师队伍不仅是科任教师，同时也是管理者，由副书记、学生工作组组长、班主任等人员组成。高校有必要定期对教师队伍进行培训，以提升他们在危机识别、判断和处理方面的能力。

辅导员团队作为高校的一线学生管理服务人员，与学生的交往最为密切，对学生的情况了解最深入。当学生遇到学习或生活中的困难时，首先想到的往往是找辅导员寻求帮助。因此，辅导员可能是最早知道学生心理危机的人。辅导员应抓住最佳机会对学生进行有效的心理辅导，为学生提供支持和帮助。此外，辅导员能够在日常生活中了解学生的家庭情况、性格特点、学习情况等，对可能引发心理危机的相关因素进行全面分析，为有效的心理辅导奠定了基础。

心理育人教师需掌握心理学、教育学、心理咨询和心理健康教育等相关知识，包括普通心理学、青少年发展心理学、教育心理学等主干课程。此外，教师还需掌握团体辅导技术、心理危机干预与自杀风险评估技能。教师需具备爱心、耐心和责任心，以及较强的心理承受力和自我调适能力。同时，教师应保持积极乐观的心态和相对稳定的情绪状态，严于律己，以自身的人格魅力实现心理育人。

(二)发挥学生群体的辅助力量

朋辈是指在同一年龄阶段或者拥有相似兴趣和需求的人,他们在心理育人中发挥着重要的作用。由于拥有相似的背景,朋辈之间容易建立情感共鸣,并且认同彼此的价值观。因此,高校应该积极利用朋辈队伍,通过宣传心理健康知识、组织活动、提供陪伴和支持等方式来促进朋辈之间的互助成长。

高校应充分挖掘朋辈的主体性,发挥他们在心理育人中的作用。高校可以建立以班级心理委员和宿舍心理信息员为骨干的朋辈学生心理工作队伍。他们的工作主要包括四个方面:普及心理健康知识,提高学生的自助能力;组织心理健康教育活动,营造良好的心理健康教育氛围;提供陪伴和支持,引导学生寻求专业帮助;及时发现并报告有心理危机的学生。

心理育人教师应该利用朋辈的榜样力量,创设积极的群体心理效应,并宣讲一些正能量的故事。高校还可以建立多元化的朋辈榜样库,包括全面发展的优秀大学生典型、勤学励志的学生典型等。这些榜样资源可以引发群体之间的情感共鸣和示范效应,向学生传递积极的信息,起到榜样的示范引领作用。

高校应设计多种形式的朋辈互助方式,包括网络媒体分享、面对面的交流等。同时,高校还可以设立不同类型的朋辈互助小组,如入学适应互助组、学习互助组、人际成长互助组、情绪互助组、求职互助组等。学生可以根据自己所处的阶段和具体需求选择适合自己的朋辈互助类型,从而形成一个良好的心理成长氛围。

自我教育是一种主动自觉的教育方式,在心理健康教育中起着至关重要的作用。自我教育通过个体自发的行为,促进自我心理协调,从而为实现心理健康提供了基础支持。专家认为,外部的教育只有在内在主体的引导下才能真正产生影响。因此,必须高度重视自我教育对心理健康促进的作用。自我教育指在心理健康教育目标的指引下,个体根据自身成长情况,有计划地获取与心理健康相关的知识，培养积极的心理品质，提升心理素质。国家卫生计生委、中宣部、中央综治办、民政部等22个部门共同印发《关于加强心理健康服务的指导意见》，倡导“每个人是自己心理健康第一责任人”的理念，引导公民在日常生活中有意识地营造积极心态，预防不良心态，学会调适情绪困扰与心理压力，积极自助。随着受教育群体主体意识的增强，心理教育必须转变为以个体自身为核心，提升个体维护心理健康的主动性，为个体心理成长提供有效引导。

（三）发挥家庭教育的协助力量

家庭是亲子交流的核心场所，对孩子的成长产生决定性的影响。尽管很多家长明白家庭对孩子成长的重要性，仍然有一部分家长忽视了孩子在心理上的变化，导致家庭未能充分发挥心理育人的功能。家庭对孩子的成长至关重要，良好的家庭环境可以为心理育人提供正面的支持。

家庭在心理育人中起着重要的基石作用，父母作为孩子的首任教育者，扮演着至关重要的角色。首先，父母要注重家风的建设。家风是家庭文化的精髓，在孩子品德修养、价值观和行为习惯的培养中具有深远的影响。父母可以通过日常生活场景对孩子进行教育，不仅有助于孩子在学业上取得优异成绩，更有助于他们成为有责任、有担当的社会新人。父母要树立心理育人的意识，关心孩子的心理成长。父母的心理素质、人格特点、沟通态度等都会对孩子产生潜移默化的影响。父母应给予孩子充分的信任、鼓励和支持，与孩子共同面对问题、解决问题。这种关爱和陪伴能帮助孩子建立自信，增强心理韧性，更好地应对生活中的挑战。

高校应高度重视家庭的作用，完善家校沟通协作育人机制，利用多种平台与家长保持沟通，共同关注学生的心理动态。家长也应积极参与到家校联合心理育人工作中，与高校紧密合作，共同为学生的健康成长营造一个良好的环境，关注孩子在学校的表现，参与学校举办的家长活动，共同促进学生的心理健康。

(四)发挥政府保障的支持力量

高校心理育人工作的推进需要整体协调和系统化运作,社会团体与政府部门等多方主体应协同合作,以进一步完善心理育人体系。

近年来,大学生心理问题屡见不鲜,急需建设心理服务体系。心理服务系统是公共服务系统,政府可通过加大心理健康宣传力度、重视心理危机干预、拓展心理咨询辅导、促进专业心理服务人才培养、加强心理学研究等,构建一个涵盖预防、治疗、康复和追踪的全程心理服务系统,以满足社会各群体多元化的心理需求,提供多样化的心理服务。大学生作为社会心理健康服务的重要对象,应得到政府有效的心理扶助。当前,社会心理健康服务机构存在良莠不齐的情况,政府应加强对心理服务机构资质、员工学历、收费等方面的监管,从而提升社会心理健康服务机构的服务质量。新形势下,大学生面临较大的就业压力,政府应加大就业扶持力度,如建立大学生就业保障机制,完善就业服务平台,为大学生自主创业提供资金和技术等支持,对雇用大学生的企业实施减税、免税政策。同时,为促进企业招聘和学生应聘的顺利进行,地方政府应充分发挥人力资源和就业部门的作用,拓宽大学生就业渠道,及时精准地发布相关就业政策。

社会心理环境会对个体的心理活动产生重要影响。健康的社会心理环境和向上向善的道德环境可以对个体产生潜移默化的驱动力,使个体朝着健康积极的方向发展。政府可从社会舆论氛围和道德氛围入手,优化心理健康教育的社会环境,通过传播积极的舆论信息,凝聚人心,激励士气,提升民族自信心。通过加强网络管理,营造清朗有序的心理健康教育网络生态环境。此外,政策条款是高校心理健康教育的法律保障,为心理健康教育的长期发展提供保障。目前,我国心理咨询领域缺乏立法保护,心理咨询服务中的知情同意权、个人隐私权等还需要国家制定相应的法律规范进行保护。

二、全过程心理育人机制:构建全面、系统、高效的心理健康促进体系

全过程心理育人是将心理育人融入高校教育全过程中,关注学生成长

成才的全过程。全过程心理育人是一种持续性的心理育人机制,其目标是树立学生心理成长全过程理念,根据学生的不同阶段、年级、专业,采用不同的心理育人方法。全过程心理育人机制从知识、能力、价值维度出发,设计心理育人工作,以打造贯穿始终、纵横衔接的心理育人链条。

(一)构建“小-中-大”一体化心理健康服务体系

构建涵盖幼儿园至大学的一体化心理健康服务体系,是当前教育体系中不可或缺的一环。这一体系的建立,旨在应对不同年龄段学生心理健康问题的多样性和复杂性,确保每一位学生都能得到与其发展阶段相匹配的心理健康关怀与支持。在一体化心理健康服务体系中,要形成多方联动的工作机制。政府可以加大对心理健康服务体系建设的投入力度,制定相关政策和法规,为学校和家庭提供必要的支持和保障。同时,还可以鼓励社会组织和专业机构积极参与心理健康服务工作,提供专业的心理咨询和治疗服务。构建一体化心理健康服务体系,还需建立评估和反馈机制。通过对学生的心理健康状况定期进行评估,可以及时发现和解决心理问题。同时,还要对心理健康服务的效果进行反馈和评估,以便不断完善和优化服务体系。

1.制定针对性方案

心理健康问题在不同学段呈现出不同的特点。幼儿园阶段,孩子们正处于身心发展的关键时期,需要关注他们的情感表达、社交技能以及自我认知等方面的培养。小学阶段,学生开始接触更为复杂的社会环境,面临着学习、同伴关系等多重挑战。中学阶段,学生面临着青春期的生理和心理变化,以及升学压力等。到了大学阶段,学生需要独立面对生活、学习、就业等多方面的压力,同时还需要处理更为复杂的人际关系。因此,一体化的心理健康服务体系必须根据不同学段的特点,制定针对性的心理健康服务方案。在幼儿园阶段,可以通过游戏、故事等形式,引导孩子们建立积极的情感态度和社交技能。在小学阶段,可以设置心理健康教育课程,帮助学生了解心理健康知识,提高自我认知和情感管理能力。在中学阶段,可以加强心理辅导和咨询工作,为学生提供个性化的心理支持和帮助。在大学阶段,可以开展心理健康讲座、心理咨询服务以及心理健康活动等,帮助学生更好地应对生活和学习中的挑战。

2.加强家校合作

家校合作,就是家庭与学校之间建立起一种紧密的联系和合作关系,共同关注孩子的成长和发展。在心理健康服务体系的建设中,家校合作的重要性不言而喻。家长是孩子成长过程中的重要伙伴和支持者,他们的态度和行为对孩子的心理健康发展有着深远的影响。加强家校合作,不仅可以提高家长对心理健康的认识,还可以促进家庭与学校之间的信息共享和资源整合,从而更好地服务于孩子的心理健康成长。

加强家校合作需要从以下几个方面入手。首先,学校需要加强与家长的沟通和联系,可以通过家长会、家长座谈会、家长志愿者等多种形式实现,让学校有机会了解孩子在家庭中的表现和需求,同时也让家长更加了解学校的教育理念和心理健康工作。其次,学校需要向家长普及心理健康知识,可以通过开设家长学校、举办心理健康讲座等方式实现,让家长了解心理健康的重要性、常见心理问题的识别与应对方法,以及家庭教育中如何培养孩子的积极心态和情绪管理能力。此外,学校还可以与家长共同制定个性化的心理健康教育方案。每个孩子都是独一无二的个体,他们的心理需求和问题也各不相同。学校可以根据孩子的具体情况,与家长共同商讨制定个性化的心理健康教育方案,以更好地满足孩子的需求。

加强家校合作并不意味着学校可以完全依赖家长来解决孩子的心理问题,学校应该积极发挥自身的专业优势,为家长提供必要的支持和指导。例如,学校可以设立专业的心理健康咨询室,为家长提供心理咨询和辅导服务。同时,学校还可以开展心理健康教育和宣传活动,提高全校师生对心理健康的认识和重视程度。加强家校合作是构建一体化心理健康服务体系不可或缺的一环。通过加强家校之间的沟通和联系、普及心理健康知识、制定个性化的心理健康教育方案以及提供专业的支持和指导等,可以共同为孩子的心理健康成长保驾护航。

3.整合社会资源

一体化心理健康服务体系的构建,需要政府、学校、家庭、社会组织等多方共同参与,形成合力。政府作为主导力量,应加大对心理健康服务体系建设的投入,从政策层面给予支持和保障。具体而言,政府可以制定相关政策和法规,明确心理健康服务的重要地位和发展方向,为心理健康服务的开展提供法律保障。同时,政府还可以设立专项资金,用于支持心理健康服务的普及和提升,确保服务的可持续性。

社会组织和专业机构在心理健康服务中发挥着不可或缺的作用。社会组织可以通过开展公益活动、提供心理咨询等方式,为有需要的人群提供心理健康服务。专业机构则可以提供专业的心理咨询和治疗服务,帮助个体解决复杂的心理问题。政府应鼓励社会组织和专业机构积极参与心理健康服务工作,通过购买服务、项目合作等方式,与其建立紧密的合作关系。在构建一体化心理健康服务体系的过程中,建立评估和反馈机制同样重要。通过对学生的心理健康状况进行定期评估,可以及时了解学生的心理状态,发现潜在的心理问题,并采取相应的干预措施。同时,还要对心理健康服务的效果进行反馈和评估,了解服务的实际效果,发现存在的问题和不足,进而对服务体系进行完善和优化。具体而言,可以建立心理健康服务数据库,对学生的心理健康数据进行收集、整理和分析,以便更好地掌握学生的心理健康状况。同时,还可以开展心理健康服务的满意度调查,了解学生和家长对服务的评价和建议,以更好地满足他们的需求。

一体化心理健康服务体系的建立还需要加强专业人才的培养和引进。政府和社会组织可以加大对心理健康专业人才的培训力度,提高他们的专业素质和服务能力。同时,还可以通过优惠政策等,吸引更多的人才投身到心理健康服务工作中来。

构建涵盖幼儿园至大学的一体化心理健康服务体系是一项系统工程,需要家长、学校、社会等各方面的共同努力。只有通过整合各方资源,制定针对性的心理健康服务方案，加强家校合作和社会联动，才能为学生提供全面、有效的心理健康支持和服务，促进他们的全面发展和健康成长。

（二）一体化的心理健康服务体系需要关注的关键问题

首先，心理健康服务的专业性和针对性至关重要。不同学段、不同个体所面临的心理问题各具特色，需要一支专业、高水平的心理健康服务团队，能够根据具体情况制定个性化的干预措施。这就要求对心理健康服务人员进行定期的培训和考核，确保他们具备扎实的专业知识和丰富的实践经验。

其次，心理健康服务的普及性和便捷性不容忽视。许多学生在面临心理问题时，由于种种原因未能及时寻求帮助。因此，需要通过多种渠道和形式，将心理健康服务送到学生身边。例如，可以设立心理健康热线、开展线上心理咨询等，为学生提供更加便捷的服务。

再次，心理健康服务的持续性和长期性也至关重要。心理健康问题往往不是短时间内能够解决的，需要进行长期的跟踪和关注。因此，需要建立一套完善的心理健康档案管理制度，对学生的心理健康状况进行持续记录和评估，以便及时发现问题并采取有效措施。

最后，还要注重心理健康服务的文化适应性和人文关怀。不同地区、不同文化背景的学生在心理健康方面可能存在差异，要充分考虑这些差异，制定符合当地文化特色的心理健康教育方案。同时，还要关注学生的心理需求和情感体验，提供充满人文关怀的心理健康服务。

可见，构建涵盖幼儿园至大学的一体化心理健康服务体系是一项长期而艰巨的任务。需要不断探索和实践，不断完善和优化服务体系，以更好地满足学生的心理健康需求，促进他们的全面发展和健康成长。

三、抓住不同时间节点开展心理育人活动

心理育人是一项持久且细致的工作，要求教师时刻关注学生的成长轨迹，特别是在学生心理发展的关键阶段进行适时介入。教师需敏锐捕捉学生心理成长的每一个契机，并巧妙地将心理育人融入日常的教育教学之中。

具有特殊意义的时间节点或节日，如新生入学之际、毕业季的告别时分、世界睡眠日等，都是开展心理育人活动的绝佳时机。在这些特殊的日子里，教师可以精心策划并组织丰富多样的活动，通过宣传普及心理健康知识，有效提升学生的心理素质。

国庆节是庆祝中华人民共和国成立的重要节日，也是对学生进行爱国主义教育、培养民族精神的最佳时机。在国庆节期间，可以组织一系列以“爱国、团结、奋进”为主题的心理育人活动：开展以“我和我的祖国”为主题的征文比赛，鼓励学生通过文字表达自己对祖国的热爱和祝福，培养他们的爱国情怀和民族自豪感；举办以“团结就是力量”为主题的团建活动，如拔河比赛等，让学生体验到团队协作的力量和重要性；邀请校内外专家开设讲座或分享会，以“奋斗的青春最美丽”为主题，向学生传递积极向上的价值观和人生态度，激发他们努力学习、奋发向上。还可以组织团队建设游戏、心理健康知识竞赛等活动。团队建设游戏如“信任背摔”“盲人方阵”等，能够让学生在相互协作中增强信任感，提升团队协作能力。心理健康知识竞赛则可以让学生在轻松愉快的氛围中学习心理健康知识，提高学生的心理素质。这些活动不仅能增强学生的集体荣誉感和归属感，还能让他们感受到祖国的强大和繁荣。

许多其他节日也可以作为开展心理育人活动的契机。例如：在春节时，可以组织学生进行春联创作比赛，让他们在欣赏传统文化的同时，感受家庭的温暖和幸福；在清明节时，可以引导学生参与祭奠英烈的活动，培养他们的爱国情怀和感恩之心；在中秋节时，可以组织学生进行赏月活动，让他们在欣赏美景的同时，思考人生的意义和价值。

进行心理育人活动时，教师需注意一些细节和策略，以确保活动的效果达到最佳。第一，活动的设计应紧密结合学生的心理特点和需求。对于不同年龄阶段的学生，心理育人的方式和内容应有所区别。例如：对于大一新生，可以通过趣味性的游戏和互动，引导他们认识自我、学习与他人相处；对于大二学生，可以通过深入讨论和思考，引导他们探索自我价值和人生意义。第二,活动的组织和实施应注重学生的参与和体验。心理育人活动不是简单的知识传授,而是需要学生在实践中体验和感悟。创造宽松、自由的活动氛围,有利于学生积极参与、大胆表达,在活动中获得成长。此外,活动的后续跟进和反馈同样重要。组织者可以通过观察学生的表现、听取学生的反馈等,了解活动的效果和不足,并及时进行调整和改进。同时,也可以将活动中的精彩瞬间和优秀案例记录下来,作为今后开展心理育人工作的宝贵经验和参考。

四、利用传统文化资源开展心理育人活动

我国传统文化博大精深,蕴含着丰富的心理育人资源。通过深入挖掘传统文化中的心理育人元素,可以设计具有特色的心理育人活动,促进学生全面发展。

(一)儒家思想的传承与应用

儒家思想强调仁爱、礼义、诚信等品质,这些品质不仅是人际交往的基石,也是个体心理健康的重要组成部分。在心理育人活动中,可以融入儒家思想的核心价值观念,引导学生形成仁爱、礼义、诚信等品质。可以开设以儒家思想为主题的讲座或课程,邀请专家学者进行讲解和解读,帮助学生深入理解儒家思想的内涵和价值。同时,可以举办以儒家思想为主题的征文比赛或演讲比赛,鼓励学生通过文字或语言表达自己对儒家思想的理解和感悟。同时,可以将儒家思想融入学生的日常生活中。例如:组织以“仁爱之心”为主题的志愿服务活动,让学生在实践中体验仁爱的力量和价值;开展以“仁爱之心”为主题的班会活动,让学生分享自己在日常生活中关心他人、帮助他人的经历,从而培养他们的同情心和同理心;或者开展以“诚信为本”为主题的诚信教育活动,引导学生树立诚信意识,培养诚信品质。

(二)道家文化的借鉴与融合

道家文化强调顺应自然、无为而治,追求内心的平静与和谐。可以将道

家文化中的“无为而治”思想引入学生的人际交往中，引导他们学会尊重他人、包容差异，建立良好的人际关系，这对于提高学生的自我认知能力和情绪管理能力具有重要意义。在心理育人活动中，教师可以引导学生学习道家的冥想、放松技巧，通过深呼吸、闭目静坐等方式，帮助学生建立积极的心态和情绪调节机制。同时，还可以组织学生进行户外拓展训练或自然观察，让他们在感受大自然的美好中体验道家的无为而治思想，学会放下执念，追求内心的宁静与和谐。

（三）传统医学的继承与发扬

中国传统医学源远流长，博大精深，不仅在治疗身体疾病方面有着丰富的经验，也为心理育人提供了独特的视角。中医强调身心一体，认为人的心理健康与身体健康是密不可分的。这一理念深刻揭示了身心健康的内在联系，为心理育人提供了有力的理论支撑。

在心理育人活动中，教师可以结合中医的理念和方法，引导学生关注自己的身体状况。通过讲解中医的阴阳五行理论、脏腑经络学说等，让学生认识到身体健康与心理健康的相互影响。教师可以教授学生如何通过调整饮食、作息等生活习惯来改善自己的心理状态。例如：根据中医的养生原则，指导学生合理搭配食物，注重营养均衡；引导学生养成良好的作息习惯，保证充足的睡眠时间；鼓励学生进行适当的运动锻炼，增强体质，促进心理健康。中医的一些心理调适方法也可以引入心理育人活动中，如按摩、针灸等传统中医疗法，在缓解身体疲劳的同时，也能够调节人的心理状态。教师可以组织学生学习一些简单的按摩技巧或针灸原理，让他们在亲身体验中感受到中医的独特魅力。这些活动不仅有助于缓解学生的压力和焦虑情绪，还能够提升他们的心理健康水平。

（四）传统艺术的传承与创新

中国的传统艺术是中华民族的瑰宝，蕴含着丰富的文化内涵和审美价值。在心理育人中，传统艺术同样发挥着重要作用。书法、绘画、音乐、舞蹈等艺术形式不仅能够激发学生的创造力和想象力，还能够帮助他们表达自己的情感和思想。

书法作为中国传统艺术的重要组成部分，其独特的线条美和韵律感能够让人在书写过程中感受到内心的平静与和谐。教师可以组织学生进行书法练习，让他们在挥毫泼墨中体验艺术的魅力，培养耐心和专注力。同时，书法创作也是一种表达自我、宣泄情感的方式，有助于学生更好地认识自己、调整心态。

绘画则是一种直观的艺术形式，能够让人们通过色彩和线条来表达内心的情感和思想。教师可以引导学生进行绘画创作，让他们在画布上尽情挥洒自己的想象力和创造力。通过绘画，学生可以学会观察、思考和理解世界，提升自我认知和情感表达能力。

音乐和舞蹈则是一种动态的艺术形式，能够让人们通过旋律和动作来表达情感和思想。教师可以组织学生进行音乐演奏或舞蹈表演等活动，让他们在音乐的节奏和舞蹈的韵律中感受艺术的魅力。这些活动不仅能够提升学生的自信心和自尊心，还能够促进他们的心理健康发展。

（五）中国传统故事和寓言的应用

中国传统故事和寓言是心理育人的宝贵资源。这些故事以生动有趣的情节和丰富多彩的人物形象，深受人们喜爱。在心理育人活动中，教师可以精选一些具有代表性的传统故事和寓言，为学生呈现一个充满智慧与启示的世界。

传统故事和寓言通过描绘鲜活的人物形象和引人入胜的情节，能够引起学生的兴趣和共鸣。这些故事往往以简单的形式讲述深刻的道理，使学生在轻松愉快的阅读中受到启发。例如：《小猫逃开影子的招数》告诉我们，一个小的心理问题是如何变成更大的心理问题的。一个最重要的心理规律是，无论多么痛苦的事情，你都是逃不掉的，你只能勇敢地去面对它、化解它、超越它，最后和它达成和解。《螃蟹、猫头鹰和蝙蝠》则告诫我们，别人的知识不能自动地拯救你，不要太指望神秘的心理治疗的魔力，最重要的力量永远在你自己的身上,奥秘的知识、玄妙的潜能开发、炫目的成功学等,都远不如你自己身上已有的力量重要。这些故事不仅能够激发学生的思考,还能够培养他们的道德观念和价值观念。

教师可以引导学生对故事中的角色、情节和寓意进行深入分析和讨论。通过分析故事中的角色形象,学生可以学会如何辨别善恶、美丑;通过讨论故事中的情节发展,学生可以学会如何把握事物的本质和规律;通过理解故事中的寓意,学生可以学会如何运用智慧解决问题。这样的过程不仅能够加深学生对故事的理解,还能够培养他们的批判性思维和创新能力。

教师还可以将传统故事和寓言与现实生活相结合,引导学生将故事中的智慧应用到实际生活中。例如,可以组织学生进行角色扮演、故事续写等,让他们在实践中体验故事中的道理和智慧。这样的活动不仅能够增强学生的参与感和体验感,还能够促进他们的心理素质和道德品质的提升。

(六)中国传统节日和习俗的延续与传承

中国传统节日和习俗同样是心理育人的重要资源。中国传统节日和习俗承载着深厚的文化内涵,蕴含着丰富的心理育人元素。通过中国传统节日和习俗,学生可以感受到中华文化的魅力,并在其中汲取心理育人的智慧。

中国传统节日往往以家庭为单位进行庆祝,强调团圆和亲情的重要性。例如,春节是中国最重要的传统节日之一,家家户户都会张灯结彩、欢聚一堂。在这个节日里,学生可以感受到亲情的温暖和家庭的和谐氛围。教师可以利用春节这一时机,让学生进行拜年、包饺子等活动,让他们在实践中学会感恩和珍惜亲情。

中国传统节日和习俗蕴含着丰富的心理育人元素。例如,端午节是一个充满活力和竞技性的节日,其中的龙舟竞渡活动不仅能够锻炼学生的身体素质和团队合作能力,还能够培养他们的意志品质和竞争意识。重阳节则是一个登高望远的节日,学生可以借此机会亲近自然、放松心情,培养乐观向上的心态。清明节是一个纪念先人的节日,通过扫墓、祭祖等活动,学生可以学会尊重长辈、珍视生命。中秋节则是一个赏月团圆的节日，学生可以学会珍视人际关系、培养感恩之心。

五、建立全方位心理育人机制

（一）全方位心理育人机制的核心

全方位心理育人机制的核心在于全面整合时间与空间维度及各项资源要素，确保心理育人的全面性和系统性，致力于达成课内外、线上线下、校内外心理育人的无缝衔接与全面覆盖，为学生提供丰富多样的心理教育资源和支持。

（二）全方位心理育人机制的目标

全方位心理育人机制的目标是构建一个以学生为中心，以预防为主、治疗为辅的心理育人体系，帮助学生解决成长过程中遇到的心理问题，提升其心理素质和自我调节能力，为未来的学习和生活奠定坚实基础。

（三）全方位心理育人机制的实现

为实现全方位心理育人机制的目标，应构建包括课程、科研、文化、服务、资助、管理、组织等多维度的教育资源体系。这一体系的建立，不仅是对教育资源的全面整合和优化，更是对心理育人理念的深入践行和具体落实。

在课程维度上，应注重心理育人课程体系的构建与完善。通过设置多元化的心理课程，包括心理健康教育、心理辅导、心理咨询等，为学生提供全面的心理知识学习平台。同时，将心理育人理念融入各门学科教学中，使学生在学习知识的同时，提升心理素质和应对能力。

在科研维度上，应致力于心理育人领域的研究与创新。通过搭建科研平台，汇聚优秀科研人才，开展心理育人相关的课题研究，形成一系列具有影响力的科研成果。这些成果不仅为心理育人实践提供理论支撑，也为教育资源体系的不断完善提供重要参考。

在文化维度上，应注重营造积极向上的校园文化氛围。通过举办各类心理文化活动，如心理健康周、心理讲座、心理剧演出等，让学生在活动参与中感受心理育人的魅力，增强心理素质和自我调节能力。同时，加强校园媒体宣传，推广心理育人理念，形成全校共同关注心理健康的良好氛围。

在服务维度上，应建立健全心理服务体系。通过设立心理咨询中心，为学生提供专业的心理咨询和辅导服务。同时，开展形式多样的心理健康教育和宣传活动，提高学生的心理健康意识和自我保护能力。此外，还要加强与家长的沟通与合作，共同关注学生的心理健康成长。

在资助维度上，应关注家庭经济困难学生的心理健康问题。通过设立心理健康资助项目，为这些学生提供必要的心理支持和帮助。同时，加强与相关部门的协调与合作，争取更多的社会资源和政策支持，为心理育人工作提供有力保障。

在管理维度上，应加强心理育人工作的制度建设和管理创新。制定和完善心理育人相关政策和规章制度，明确各方职责和权益。同时，加强心理育人工作的考核和评估，确保各项措施落到实处、取得实效。

在组织维度上，应注重心理育人工作队伍的建设和培养。选拔和培养一批具有专业背景和丰富经验的心理健康教育工作者，为心理育人工作提供有力的人才保障。同时，加强与其他教育部门和机构的交流与合作，共同推动心理育人事业的发展。

六、五育并举，促进心理育人贯穿育人全过程

随着教育理念的更新与发展，人们越来越意识到，仅仅关注学生的学习成绩是远远不够的，教育应当是一个全面、系统、深入的过程，旨在培养身心健康、全面发展的个体。五育并举的教育理念应运而生，德育、智育、体育、美育和劳动教育有机结合，共同促进学生的全面发展。只有五育紧密结合、相互作用，才能各尽所长、协调发展，让学生有更多的机会参与不同领域的活动，从而更好地认识自己的兴趣、优势和劣势，有助于形成积极的自我认知。

（一）德育是促进学生心理健康的重要途径

德育，作为五育并举的基石，承担着培养学生道德品质和价值观的重要使命。在当前的教育环境中，德育的重要性愈发凸显，它不仅关乎学生的个人成长，更关系到社会的和谐稳定与国家的长远发展。在实施德育的过程中，首先要教授学生道德规范和行为准则。这些规范与准则是社会公共生活中的基本法则，是学生必须遵守的行为准则。然而，仅仅向学生灌输这些规范与准则是不够的，更要引导他们深入理解道德的本质和意义。道德不仅是外在的行为规范，更是一种内在的品质和修养。要通过具体的事例、生动的讲解，帮助学生认识到道德的重要性，激发他们的道德情感，培养他们的道德责任感。除了教授道德规范和行为准则，还应培养学生的道德判断力。在现实生活中，学生面临着各种道德困境和选择，要引导学生学会独立思考，辨别是非善恶，形成正确的道德观念。同时，还应关注学生的心理健康，及时发现并解决他们在道德成长过程中遇到的心理困惑和问题。

心理健康教育在德育中扮演着重要的角色。学生在成长过程中，往往会遇到各种困惑和挑战，这些困惑和挑战可能会对他们的心理健康产生负面影响。因此，要通过心理健康教育帮助学生建立正确的道德观念，形成健全的人格。可以通过开设心理健康教育课程、组织心理咨询活动等方式，为学生提供必要的心理支持和帮助。通过实施德育，可以帮助学生建立正确的道德观念，形成健全的人格，为他们的未来发展奠定坚实的基础，同时，为社会培养出更多具有高尚道德品质的优秀人才，推动社会的和谐稳定与国家的长远发展。

（二）智育是促进学生心理健康的重要支撑

智育作为五育并举的核心，其重要性不言而喻。智育关注学生的知识学习和思维能力的发展，为他们的未来发展奠定坚实的基础。在实施智育的过程中，不仅要注重知识的传授，更要关注学习方法的指导和思维能力的培养，使学生具备独立学习、思考和创新的能力。

首先,知识的传授是智育的基础。在教学过程中,教师应根据学生的年龄特点和认知水平,合理安排教学内容,确保学生能够理解和掌握基本知识和技能。此外,教师还应通过丰富的教学方法和手段,如多媒体教学、实践活动等,激发学生的学习兴趣,提高他们的学习积极性。然而,仅仅注重知识的传授是远远不够的,还应该重视学习方法的指导。好的学习方法可以让学生更高效地获取知识,提高学习效率。因此,教师应该教会学生如何有效地记忆、如何有效地理解和应用所学知识,以及如何进行有效复习和总结。这样,学生就能逐渐形成适合自己的学习方法,提高自主学习能力。同时,思维能力的培养也是智育的重要方面。思维能力是人们在认识事物、解决问题时所需要的一种能力。通过培养学生的思维能力,可以让他们具备更强的分析能力、判断能力、创新能力等,为他们的未来发展打下坚实的基础。在教学过程中,教师可以通过提问、讨论、案例分析等方式,引导学生主动思考、积极探索,培养他们的思维能力。

在智育的过程中,还要关注学生的心理健康。一些学生可能会因为压力过大而产生焦虑、抑郁等心理问题,应该关注学生的心理状态,及时发现并帮助学生解决心理问题。同时,还可以通过开展心理健康教育、组织丰富多彩的课外活动等方式,缓解学生的学习压力,提高他们的心理素质。

最后,应鼓励学生保持积极的学习态度。学习态度是影响学习效果的重要因素之一,积极的学习态度可以让学生更加主动地投入学习中,提高学习效率。教师可以通过表扬、鼓励等方式,激发学生的自信心和学习动力,让他们更加热爱学习、享受学习。应避免过度追求学术成绩而给学生带来过大的心理压力。通过全面关注学生的成长和发展,可以培养出更多具有创新精神和实践能力的人才,为社会的繁荣和发展做出贡献。

(三)体育是促进学生心理健康的重要动力

体育作为五育并举的重要一环,历来都被视为学生全面发展不可或缺的一部分。通过体育锻炼,学生能够增强体质,提高抵抗力,以更好地应对学习和生活中的各种挑战。同时,体育还能有效缓解学习压力,促进学生的心理健康。

在体育教学中，不仅要注重运动技能的传授，更要关注学生的个体差异和兴趣特点，因材施教，让每个学生都能在适合自己的运动中感受到快乐。通过多样化的体育活动和比赛，可以让学生在运动中体验快乐，感受团队合作的力量，培养他们的团队精神和集体荣誉感。以篮球教学为例，可以设计一系列有趣的篮球游戏和比赛，让学生在轻松愉快的氛围中掌握篮球技能。同时，还可以引入一些篮球名将的故事和经历，激发学生对篮球的热爱。通过体育锻炼，学生不仅能够锻炼身体，还能够感受到运动的魅力和乐趣，从而培养他们的运动兴趣和习惯。

通过体育锻炼，不仅可以提升学生的身体素质和运动能力，还能促进他们的心理健康发展。在现代社会，学生面临着来自学业、家庭、社交等多方面的压力，而体育运动正是缓解这些压力的有效途径之一。通过运动，学生可以释放内心的压力，缓解焦虑情绪，提升自信心，保持乐观心态。同时，体育运动还能培养学生的意志品质和坚韧不拔的精神，帮助他们更好地应对挫折和困难，让学生在运动中快乐成长、全面发展。

（四）美育是促进学生心理健康的重要养料

美育作为五育并举的重要组成部分，具有独特的价值和意义。美育不仅局限于传统的艺术教育范畴，而是涵盖了更为广泛的内容，旨在全面培养学生的审美能力和创造力。通过美育，学生可以深入欣赏美、创造美，从而丰富精神世界，提升生活质量。

在美育过程中，首先要引导学生欣赏艺术作品。艺术作品作为美的载体，能够直接触动人们的心灵。通过欣赏绘画、音乐、舞蹈、戏剧等多种形式的艺术作品，学生能够感受到艺术的魅力，进而培养自己的审美鉴赏能力。同时，要鼓励学生多参与艺术实践活动，如绘画创作、音乐演奏、舞蹈表演等，通过亲身实践来体验美的创造过程，培养他们的创造力。然而，美育并不仅仅局限于艺术领域，还可以渗透到其他学科的教学中，使学生在学习科学文化知识的同时，也能感受到美的存在。例如：在语文课上，可以引导学生欣赏优美的诗歌和散文；在数学课上，可以让学生感受数学中的对称美和简洁美;在自然科学课上,可以让学生领略大自然的壮丽景色和神奇现象。

美育是一项具有深远意义的教育事业,不仅能够培养学生的审美能力和创造力,还能够丰富他们的精神世界,提升生活质量。在快节奏的现代社会中,学生面临着种种压力和挑战。美育可以通过欣赏美和创造美的方式,帮助学生缓解压力,调节情绪,提升心理健康水平。在欣赏艺术作品的过程中,学生可以感受到心灵的愉悦和满足;在创造美的过程中,学生可以发挥自己的想象力和创造力,体验到成功的喜悦和自信。

(五)劳动教育是促进学生心理健康的重要基石

劳动教育是五育并举的实践性环节,关注学生劳动技能和劳动态度的培养。通过参与劳动,学生可以学会独立生活、服务他人,增强责任感和使命感。在劳动教育过程中,不仅要注重劳动技能的传授,更要关注学生的劳动态度和情感体验。通过引导学生积极参与劳动,体验劳动的艰辛和乐趣,可以培养他们的劳动习惯和品质,同时有助于促进他们的心理健康发展。

从劳动教育与心理健康教育的关系来看,两者相辅相成,共同构成了学生全面发展的重要支撑。心理健康教育旨在培养学生的心理素质,帮助他们更好地应对生活中的挑战和压力。劳动教育则通过劳动实践,让学生在亲身体验中感受劳动的价值和意义,从而培养他们的劳动技能和劳动态度。这种亲身体验的过程,不仅有助于提高学生的实践能力,更有助于促进他们的心理健康发展。一方面,劳动教育有助于增强学生的自信心和自尊心。通过参与劳动,学生可以体验到自己的成长和进步,感受到自己的价值和能力。这种积极的体验有助于增强学生的自信心和自尊心,使他们在面对困难和挑战时能够更加坚定和自信。另外,劳动教育有助于培养学生的团队合作精神和人际交往能力。在劳动过程中,学生往往需要与他人合作,共同完成任务。这种合作与交流的过程不仅有助于培养学生的团队合作精神,还能提高他们的人际交往能力,使他们更好地适应社会生活。同时,劳动教育还有助于缓解学生的心理压力,促进他们的心理健康。在紧张的学习和生活中,劳动可以成为学生释放压力、调节情绪的有效途径。通过参与劳动,学生可以暂时放下学习和生活的压力,享受劳动带来的乐趣和成就感,从而缓解心理压力,促进心理健康。心理健康教育为劳动教育提供了重要的心理支持和保障。在劳动教育过程中,学生可能会遇到各种困难和挑战,这时,心理健康教育的作用就显得尤为重要。心理健康教育可以帮助学生更好地应对这些困难和挑战,调节情绪,保持积极的心态,从而更好地投入劳动实践中去。劳动教育与心理健康教育的相互融合和相互促进,共同为学生的全面发展创造更加有利的条件。

通过德育、智育、体育、美育和劳动教育的有机结合,可以全面培养学生的综合素质。同时,要注重将心理健康教育融入各个教育环节中,关注学生的心理需求和发展特点,为他们提供个性化的支持和帮助。只有这样,才能培养出既具有学术素养又具备健康心理的优秀人才,为社会的繁荣和发展贡献力量。通过心理咨询服务为学生提供专业的心理支持和帮助;通过资助政策减轻学生的经济压力,增强他们的社会适应能力;通过管理和组织工作提升学生的自我管理和团队协作能力。这些育人要素的有机结合,将为构建一个全面、立体的心理育人体系提供有力支撑。

德育、智育、体育、美育和劳动教育是促进学生全面发展的五个重要方面,它们与心理健康教育紧密相连。通过德育与心理健康教育的融合,培养学生的道德品质和人文素养;通过智育与心理健康教育的相互促进,提升学生的认知能力和创新精神;通过体育与心理健康教育的互补作用,增强学生的身体素质和心理素质;通过美育与心理健康教育的融合,培养学生的审美情趣和创造力;通过劳育与心理健康教育的结合,锻炼学生的意志品质和劳动精神。这种有机融通将使心理育人工作更加全面、深入和有效。

附 录1

高等师范学校心理育人调查问卷（学生版）

您好！

我们正致力于一项关于高等师范学校心理育人的调查研究。作为随机选取的参与者，您的意见和看法对于我们而言至关重要，这些反馈将帮助我们深入了解高等师范学校心理育人的现状，并为我们后续的工作提供宝贵的参考。您的回答并无对错之分，我们更看重的是您真实的想法和感受。同时，我们郑重承诺，您所填写的所有信息都将得到严格的保密，不会泄露给任何第三方。此次调查预计需要占用您大约十分钟的时间。我们衷心感谢您的积极参与和大力支持！

第一部分：基本资料

1. 您的性别：①男　②女

2. 您的年龄：①15~18 岁　②18~22 岁　③22~25 岁

3. 您所在的年级：①一年级　②二年级　③三年级　④四年级

第二部分：请您根据自身实际情况，选择您认为最符合的选项。所选答案并无对错之分，仅供研究使用，感谢您的配合与参与。

1. 用五个词形容您对当代大学生的整体印象：

A.________　B.________　C.________　D.________　E.________

2. 请您对下面选项结合自己的体验进行评价。

选项	非常不符合	比较不符合	一般	比较符合	非常符合
感到快乐					
身心健康					
独立自主					
诚实守信					
创新意识					
竞争意识					
责任意识					
助人为乐					
奋斗向上					

3. 选出您认为目前最重要的五种需求（　　）。

A. 人际交往需求　B. 成才成长需求　C. 安全需求

D. 恋爱情感需求　E. 求职就业技能需求　F. 自我发展需求

G. 情绪管理需求　H. 学习技能需求　I. 被理解尊重的需求

J. 归属感需求　K. 亲密感需求　L. 自我认同需求

M. 成就需求　N. 自我实现需求　O. 自我价值需求

P. 渴求知识的需求　Q. 其他

4. 关于心理健康素养的认识和评价，请您选择最符合自己情况的选项。

项　目	非常不同意	不太同意	不确定	比较同意	非常同意
我掌握了相关的心理健康知识					
我会使用科学方法来应对压力					
我了解有规律作息和睡眠对个人健康很重要					
我有运动和健身的习惯					
我能正确识别和应对常见情绪困扰					
遇到心理问题时我会主动、积极、及时求助					

第三部分：本部分内容反映您对高等师范学校心理育人相关问题的看法，请选择您认为最符合的选项。答案没有对错之分，仅供研究使用。

1. 关于心理健康教育对心理素质提升的作用，请选择您认为最符合的选项。

项 目	非常不同意	部分不同意	不确定	部分同意	非常同意
心理健康教育有利于培育积极的心理品质					
心理健康教育有利于提升认知能力和适应社会的能力					
心理健康教育对心理素质的提升具有很大帮助					
心理健康教育有利于培养意志品质和提高抗挫折能力					
心理健康教育有利于促进个性品质的发展					

2. 关于心理健康教育对个体的作用，请选择您认为最符合的选项。

项 目	非常不同意	部分不同意	不确定	部分同意	非常同意
心理健康教育有利于提升精神生活品质，收获更多幸福感					
心理健康教育教会我如何幸福生活					
参加心理健康教育活动可以让我获得愉悦感，满足我对美好精神生活向往的需求					
心理健康教育可以满足我的心理和精神需求					

3. 关于心理健康教育的导向作用，请选择您认为最符合的选项。

项 目	非常不同意	部分不同意	不确定	部分同意	非常同意
心理健康教育对价值观的引导有很大的帮助					
心理健康教育对形成正确友善的价值观很有帮助					

续表

项　目	非常不同意	部分不同意	不确定	部分同意	非常同意
心理健康教育对形成成败观、得失观很有帮助					
心理健康教育对形成爱情观、婚姻观很有帮助					
心理健康教育对形成职业价值观很有帮助					
心理健康教育对形成生命价值观很有帮助					
心理健康教育对形成正确的群己观很有帮助					

4.关于心理健康教育对培育健康心态的作用，请选择您认为最符合的选项。

项　目	非常不同意	部分不同意	不确定	部分同意	非常同意
心理健康教育对鉴别心理健康问题很有帮助					
心理健康教育对心理危机的化解很有帮助					
心理健康教育对健康心态的养成具有很大帮助					
心理健康教育对负面情绪的调节很有帮助					

5.关于心理健康教育对积极行为激励的作用，请选择您认为最符合的选项。

项　目	非常不同意	部分不同意	不确定	部分同意	非常同意
心理健康教育对积极行为习惯的养成具有激励作用					
心理健康教育能鼓舞我的斗志，让我具有奋发向上的行为动力					
当我缺乏奋斗的动力时，我通常会找心理老师					

第四部分：本部分内容反映您对高校心理育人途径、满意度等的看法，请选择您认为最符合的选项。答案没有对错之分，仅供研究使用。

1.请选择您认为最符合的选项。

项 目	非常不同意	部分不同意	不确定	部分同意	非常同意
遇到困难或挫折时，革命英雄事迹会对我产生巨大的鼓舞作用					
参观红色革命文化实践基地对我有精神上的促动和激励					
学习中华优秀传统文化中的中庸思想等对我维护身心健康具有重要作用					
我认为健康生活方式有利于维护心态健康					
思想政治理论课有精神激励作用，对我心态的调节也具有重要作用					
中国特色社会主义先进文化对我健康心态的养成具有重要作用					
社会上存在的享乐主义和奢靡之风对我的健康心态产生消极影响					
我的很多心理困惑可以在思想政治理论课上得到解答					
思想政治理论课帮助我树立自尊自信的心态					
我的很多困惑可以在心理健康教育课程上得到解答					
当前社会中存在的不良思潮对我的心理会产生不良影响					
学校开展的心理育人工作对我的心理健康有很大的帮助					
参加体育锻炼可以排解我的负面情绪					
参加劳动锻炼可以磨炼我的意志，形成艰苦耐劳的性格品质					
接受美学教育对我的心灵熏陶具有很大的帮助					
我相信学校心理老师的专业素质					
我相信学校心理老师可以帮我有效解决生活中的烦恼和困扰					

2. 关于心理健康教育对您的帮助，请选择您认为最符合的选项。

项　目	完全没有帮助	没有很多帮助	不确定	比较有帮助	非常有帮助	没体验过
丰富心理健康知识						
正确认识自己和他人						
提高抗挫折能力和意志力						
提高人际交往与沟通能力						
学会情绪调节与管理						
正确对待情感问题						
生活态度更加积极向上						
提高心理健康水平						
更能适应社会变化						
改善个性品质						
改善社会认知						
学会珍爱生命						
养成健康的社会心态						

3. 当同学有心理困扰时，您是否乐意倾听以及给予帮助？（　　）

A. 非常乐意　　B. 有一点乐意　　C. 不确定

D. 不是很乐意　　E. 一点也不乐意

4. 当您感到困惑时，您会怎么做？（　　）（可多选）

A. 找好友倾诉　　B. 与父母交流　　C. 转移注意力

D. 找心理老师帮助　　E. 默默忍受　　F. 曾经想过自杀

G. 找辅导员或老师倾诉　　H. 去心理专科医院

5. 您的大部分业余时间在做什么？（　　）（可多选）

A. 上网　　B. 逛街　　C. 去图书馆学习

D. 去自习室学习　　E. 参加社团活动　　F. 玩游戏

G. 无所事事　　H. 娱乐休闲

6. 以下哪些选项对您健康社会心态的养成具有显著作用？（　　）（可多选）

A. 参加社会实践　　B. 心理咨询与辅导　　C. 参加校园文化活动

D. 形式与政策课程　　E. 思想政治理论课程　　F. 心理健康教育课程

7.您认为大学生存在不健康社会心态的主要原因是什么？（　　）（可多选）

A.理想信念缺失

B.文化多元化发展带来的价值观冲突

C.主体意识不够成熟导致的认知困境

D.网络媒体广泛应用带来的负面效应

E.其他

8.您获取心理健康知识的主要途径是什么？（　　）（可多选）

A.心理健康课程　　B.报纸杂志　　C.心理网站

D.相关心理书籍　　E.心理电影　　F.信息公众平台（微博、微信、QQ）

G.学校宣传栏　　H.老师的宣讲

9.您希望老师在心理咨询过程中怎么做？（　　）（可多选）

A.保持价值观中立

B.给我适当的价值观引导

C.只是倾听就好，不要对我进行批判

D.在我迷茫的时候，多给我意见和建议

10.如果您遇到心理问题而不去寻求帮助，以下原因中哪些最符合您的想法？（　　）（可多选）

A.担心被认为有病，会被带“有色眼镜”看待

B.担心被其他人知道，会被贴标签

C.看心理医生需要花钱，不想浪费钱

D.担心隐私问题

E.害羞、尴尬而不敢去寻求专业的帮助

F.就算寻求帮助，也解决不了自己的问题

G.其他

11. 您喜欢哪种形式的心理健康教育方式？（　　）（可多选）

A. 心理健康教育课程　　B. 心理咨询　　C. 讲座

D. 团体心理辅导　　E. 实践活动　　F. 浏览心理网站

G. 阅读心理书籍或报纸杂志　　H. 参与心理成长小组　　I. 心理测验

12. 学校开展的心理育人工作对您的影响主要体现在哪些方面？（　　）（可多选）

A. 帮助我答疑释惑

B. 帮助我缓解压力

C. 帮助我形成正确的价值观

D. 帮助我养成积极的行为习惯

E. 帮助我培育良好的心理品质

F. 其他

13. 您喜欢哪种心理健康教育课程教学方式？（　　）（可多选）

A. 课堂讲授　　B. 课堂活动　　C. 案例分析

D. 角色扮演　　E. 小组讨论　　F. 心理测试

G. 体验活动　　H. 情景表演　　I. 团体训练

14. 您对学校开展的心理育人工作满意吗？请选择您认为最符合的选项。

项　目	非常不满意	不太满意	不确定	比较满意	非常满意	没参加过
对学校开展的心理咨询与辅导的满意度						
对学校开展的团体心理辅导或素质拓展训练的满意度						
对学校心理健康教育课程教学的满意度						
对学校心理健康教育宣传和心理健康教育活动的满意度						
对学校心理育人工作的满意度						
对学校心理健康网页或心理健康微信公众平台的满意度						

感谢您的参与，祝您学习进步！

附 录2

高等师范学校心理育人调查问卷（教师版）

您好！

我们目前正在进行一项关于高等师范学校心理育人的深入调查与研究。您的意见对我们至关重要，您的反馈将有助于我们全面而准确地了解当前高等师范学校心理育人的实际情况。您的答案并无对错之分，只需根据您的真实感受和经历进行填写即可。我们郑重承诺，您在问卷中填写的所有信息，我们都将严格保密，不会泄露给任何第三方。此次调查预计会占用您大约十分钟的时间，衷心感谢您的积极参与和大力支持！

第一部分：基本资料

1. 您的性别：①男　②女

2. 您的年龄：① 25~30 岁　②30~35 岁　③35~40 岁　④40 岁以上

3. 您的职称：①正高　②副高　③讲师　④助教

4. 您的学历：①本科　②硕士研究生　③博士研究生

5. 您的工作性质及工作年限：

(1)心理咨询专职教师：①1~5 年　②6~10 年　③11~15 年　④15 年以上

(2)心理学专业教师：①1~5 年　②6~10 年　③11~15 年　④15 年以上

(3)政工干部(辅导员等)：①1~5 年　②6~10 年　③11~15 年　④15 年以上

(4)其他行政人员：①1~5 年　②6~10 年　③11~15 年　④15 年以上

(5)思想政治理论课教师：①1~5 年　②6~10 年　③11~15 年　④15 年以上

第二部分:本部分内容反映您对心理育人的看法,请选择您认为最符合的选项。答案没有对错之分,仅供研究使用。

1. 您在心理育人过程中是否遇到价值观引导的困扰?(　　)

A. 没有遇到　　B. 偶尔遇到　　C. 经常遇到　　D. 不清楚

2. 您认为心理育人在价值观引导上存在的问题是什么?(　　)(可多选)

A. 相关教师缺乏对学生价值观引导的意识

B. 部分教师缺乏明确的社会主义核心价值观的引导

C. 教师在心理咨询中过于强调价值中立,忽视价值干预

D. 教师在心理育人过程中存在说教严重的情况

E. 部分教师不认为心理育人具有价值引导功能

3. 您认为高等师范学校心理育人主要体现在哪些方面?(　　)(可多选)

A. 理想信念导向　　B. 人格塑造　　C. 积极行为激励

D. 心理素质提升　　E. 健康心态培育与干预　　F. 价值观导向

G. 不清楚

4. 在大学生心理健康教育课程中,您是否有意识融入价值观教育?(　　)

A. 是,经常　　B. 是,偶尔　　C. 没有这个意识　　D. 没上这门课

5. 您所在的学校心理健康教育课程的主要内容有哪些?(　　)

A. 以大学生心理健康常见的问题为主,几乎没有涉及思想政治教育内容

B. 以大学生心理健康教育专题为主,涉及一些思想政治教育内容

C. 以大学生心理健康常见问题为主,经常把价值观教育有机融入其中

D. 不了解

6. 您认为心理育人对大学生心理危机的化解是否有帮助?(　　)

A. 不确定　　B. 非常有帮助　　C. 比较有帮助　　D. 不清楚

7. 关于高等师范学校心理育人的实现程度，请选择您认为最符合的选项。

项　目	完全没有实现	实现程度不太高	实现程度一般	实现程度较高	实现程度很高	不具备此价值
人格塑造						
积极行为激励						
心理素质提升						
个体享用价值						
健康心态培育与干预						
价值观导向						

第三部分：本部分内容反映高等师范学校教师心理育人的胜任力，请选择您认为最符合的选项。答案没有对错之分，仅供研究使用。

1. 您了解我国心理健康教育相关政策或文件吗？（　　）

A. 没听说　　B. 不是很了解　　C. 了解　　D. 非常了解

2. 您是否把团体心理辅导融入班级建设或班级团日活动中？（　　）

A. 是，经常　　B. 是，偶尔　　C. 没有，没有这个意识

D. 没有，没有团体辅导技术

3. 您在工作中是否有开展心理育人的意识？（　　）

A. 没听说　　B. 不是很了解　　C. 有意识地开展　　D. 完全没有意识

4. 学校是否提供了心理育人相关知识的培训？（　　）

A. 是，经常培训　　B. 是，偶尔培训　　C. 从来没有　　D. 不清楚

5. 您认为以下人员是否胜任开展心理育人？请选择您认为最符合的选项。

项　目	不能胜任	不太胜任	一般	比较胜任	非常胜任
心理健康教育专职教师					
辅导员或政工队伍					
心理学专任教师					
其他行政人员					
学生朋辈					
班主任或导师					

6. 您对以下内容是否了解？请选择您认为最符合的选项。

项　目	一点也不了解	不太了解	有一点了解	非常了解
学生思想和行为的变化及特点				
学生的心理特点和心理需求				
心理育人目标				

7. 您是否开展过以下心理育人工作？请选择您认为最符合的选项。

项　目	从来没有	是，偶尔开展	是，常规开展	准备开展
心理咨询与辅导				
处理学生心理危机				
心理健康知识普及				
跟学生谈话谈心				
开展团体心理辅导				
指导社团开展心理健康活动				
在学生工作中渗透心理育人				
在校园文化活动中渗透心理育人				

8. 您是否胜任开展以下心理育人工作？请选择您认为最符合的选项。

项　目	不能胜任	不太胜任	一般	比较胜任	非常胜任
心理咨询与辅导					
处理学生心理危机					
心理健康知识普及					
跟学生谈话谈心					
开展团体心理辅导					
指导社团组织开展心理活动					
在学生工作中渗透心理育人					

第四部分：本部分内容反映您对协同开展心理育人工作的看法，请选择您认为最符合的选项。答案没有对错之分，仅供研究使用。

1.思想政治理论课程中蕴含丰富的心理育人资源。（　　）

A.非常同意　　B.有一点同意　　C.不是太清楚

D.不是很同意　　E.一点也不同意

2.在什么情况下学校会与家长共同探讨学生的心理健康教育问题？（　　）

A.学生出现严重心理问题时　　B.学生出现一般心理问题时

C.不知道　　D.定期与家长共同探讨

第五部分：本部分内容反映您对影响高等师范学校心理育人价值实现因素的看法，请选择您认为最符合的选项。答案没有对错之分，仅供研究使用。

1.你认为当前高等师范学校开展心理育人存在哪些问题？（　　）（可多选）

A.设施不完善　　B.专业师资力量薄弱　　C.教师专业素质不高

D.社会不重视　　E.高校不重视　　F.老师不重视

G.家长不重视　　H.学生不重视　　I.其他

2.您认为目前高等师范学校心理育人价值成效如何？（　　）（可多选）

A.只在预防和筛查心理危机中发挥作用

B.只对小部分有心理问题的学生发挥作用

C.未能真正发挥心理育人的成效

D.只发挥很小的作用

E.不清楚

3.您认为当前高等师范学校心理育人的效果如何？（　　）

A.效果很好　　B.效果一般　　C.效果不好　　D.不清楚

4.您认为目前心理育人的氛围是否形成？（　　）

A.没有形成　　B.只有专职教师孤军奋战

C.已经形成一定的氛围　　D.不太清楚

5. 您认为什么因素阻碍高等师范学校心理育人价值的实现？（　　）（多选）

A. 心理育人本身蕴含的价值不明确；

B. 思政工作者对心理育人的内涵与本质把握不清楚；

C. 国内外环境的复杂性；

D. 协同心理育人体系尚未构建

E. 教育者自身能力素质问题

F. 教育者难以把握学生心理行为的变化规律

G. 思想政治教育与心理健康教育结合的机制和路径不明确

第六部分：本部分内容反映您对当代大学生的看法，请选择您认为最符合的选项。答案没有对错之分，仅供研究使用。

1. 您对 00 后大学生的整体印象是什么？（　　）（可多选）

A. 以自我为中心，不太考虑别人的感受

B. 个性张扬，喜欢新鲜的事物

C. 学习、生活都离不开网络

D. 对很多事情都无所谓，没有明确的目标

E. 很有主见，喜欢自己拿主意

F. 知道自己要什么，并为之努力奋斗

G. 迷茫，成长的困惑比较多

H. 既想为社会做贡献，也追求自我价值的实现

2. 用五个词来形容您对当代大学生的整体印象：

A.________　B.________　C.________　D.________　E.________

感谢您的参与，祝您工作顺利！

参考文献

[1] 江光荣,赵春晓,韦辉,等.心理健康素养:内涵、测量与新概念框架[J].心理科学,2020,43(01):232- 238.

[2] 丁闽江,苏婷茹.大学生心理健康素养现状分析及提升策略[J].扬州大学学报(高教研究版),2020,24(2):66-72+111.

[3] 杨钰立,陈泓桦,王玲莉,等.贵州省中学生心理健康素养现状及影响因素分析[J].现代预防医学,2021,48(22):4085-4089+4098.

[4] 高旭,李凤兰,李虹韦.大学生心理卫生素养的现状调查[J].高教论坛,2019,236(6):7-13+33.

[5] 唐铭民,徐双,叶晓舸,等.成都市2区市中学生心理卫生相关知识知晓情况调查[J].预防医学情报杂志,2018,34(11):1384-1387.

[6] 江光荣,李丹阳,任志洪,等.中国国民心理健康素养的现状与特点[J].心理学报,2021,53(2):182-201.

[7] 任志洪,赵春晓,田凡,等.中国人心理健康素养干预效果的元分析[J].心理学报,2020,52(4):497-521.

[8] 李永鑫,陈珅.素养:学校心理健康教育的基点[J].河南大学学报(社会科学版),2022,62(3):110-116+155.

[9] 赵鹤宾,夏勉,曹奔,等.接触干预在减少精神障碍公众污名中的应用[J].心理科学进展,2019,27(5):843-857.

[10] 傅守祥.传媒,你的责任感哪里去了——从传媒娱乐化谈起[J].中国德育,2009(11):71.

[11] 徐双清,邢钰圆,杨心德.大学生心理障碍污名与心理求助态度的关系[J].医学研究与教育,2010,27(1):46-49.

[12] 崔丽霞,雷雳,刘亚男.大学生网络和当面咨询态度的比较研究[J].心理发展与教育,2010,26(1):81-86.

[13] 夏勉,江光荣.归因、自我效能和社会容忍度对心理求助行为的影响[J].心理学报,2007(5):892-900.

[14] 张萌,黄莹.大学生生命观现状及其教育[J].黑龙江高教研究,2018(9):127-131.

[15] 沈莎.师范生自我和谐、生命意义和自杀态度的关系研究[D].成都:四川师范大学,2014.

[16] 冉源懋,赵婷婷.生命教育研究二十年:回顾与展望[J].教育理论与实践,2021(25):9-14.

[17] 冯建军.生命教育的内涵与实践[J].思想理论教育,2006(11):25-29.

[18] 葛向丽.师范生生命教育研究[D].开封:河南师范大学,2016.

[19] 程豪.生命教育:内涵解构、现实困顿及破解之道——由重大突发公共卫生事件引发的思考[J].中国教育科学,2020(5):92-102.

[20] 刘慧.师范生生命教育探究[D].上海:华东师范大学,2014.

[21] 李芳,刘彤,胡正娟,等.大学生生死观调查研究及生命教育的思考[J].中国青年研究,2012(11):93-96.

[22] 高洁.西安市高年级小学生心理健康与父母、教师心理健康的相关研究[D].西安:陕西师范大学,2007.

[23] 叶澜.教育理论与学校实践[M].北京:高等教育出版社,2000.

[24] 顾明远.教育的本质是生命教育[J].课程·教材·教法,2013(9):85.

[25] 张文质.生命化教育的责任与梦想[M].上海:华东师范大学出版,2006.

[26] 蔡亚平.高校生命教育的现实需求与实施路径[J].教育探索,2012(11):28-29.

[27] 刘济良.生命的沉思——生命教育理念解读[M].北京:中国社会科学出版社,2004.

[28] 刘铁芳.生命情感与教育关怀[J].湖南师范大学社会科学学报,2000(5):65-72.

[29] 潘明芸,吴新平.大学生生命观调查及对高校大学生生命教育的思考[J].思想政治教育研究,2010(2):129-133.

[30] 冯建军.生命教育实践的困境与选择[J].中国教育学刊,2010(1):35-38.

[31] 冯建军.从知识课程到生命课程:生命教育视野下课程观的转换[J].课程·教材·教法,2013(9):89-92.

[32] 刘志军.生命的律动——生命教育实践探索[M].北京:中国社会科学出版社,2004.

[33] 曹晶.论个体生命视角下的课程内涵[J].江西教育科研,2006(11):60-62.

[34] 蒋军营,刘济良.个体生命卓越性视域下的教育及其建构[J].河南师范大学学报(哲学社会科学版),2021(3):144-150.

[35] 陈虹.新时代高校心理育人内涵困境与应对[J].思想理论教育导刊,2019(7):110-113.

[36] 刘力红.马克思主义生命观视域下“时代新人”意蕴探析[J].甘肃理论学刊,2021(01):49-54.

[37] 段善君,刘伟伟.马克思主义生命观对大学生教育的启示[J].临沂大学学报,2014,36(04):65-68.

[38] 李强.大学生命教育论[D].武汉:华中科技大学,2007.

[39] 褚惠萍.当代大学生生命教育研究[D].南京:南京师范大学,2014.

[40] 付燕妮.大学生生命观现状调查与大学生生命教育研究[D].大连:辽宁师范大学,2013.

[41] 张玲.师范院校实施生命教育的策略研究[J].理论观察,2014(2):141.

[42] 马珺.我国高校生命教育课程研究——以天津师范大学为例[D].天津:天津师范大学,2012.

[43] 庄文娟.90后大学生生命教育研究[D].蚌埠:安徽财经大学,2014.

[44] 赵茵茵.当代大学生生命教育问题研究[D].济南:山东大学,2012.

[45] 章少哨.高校心理健康教育育人功能实现的实然困境与应然路径[J].学校党建与思想教育,2020(11):80-82.

[46] 陈虹.新时代高校心理育人内涵、困境与应对[J].思想理论教育导刊,2019(07):110-113.

[47] 吴九君.系统思维视域下高校心理育人的实践反思与优化路径[J].黑龙江高教研究,2021,39(01):144-149.

[48] 陈虹,潘玉腾.立德树人视域下高校心理育人价值及其实现路径[J].思想理论教育,2019(05):86-89.

[49] 吴艳,韩君华."三全育人"背景下高校心理育人工作的路径选择[J].学校党建与思想教育,2020(11):77-79.

[50] 习近平.习近平谈治国理政(第三卷)[M].北京:外文出版社,2020.

[51] 马克思,恩格斯.马克思恩格斯全集(第一卷)[M].北京:人民出版社,2002.

[52] 佘双好.建构具有中国特色的本土化心理疏导模式[J].学校党建与思想教育,2017(12):21.

[53] 佟拓.后疫情时代大学生心理健康教育课程改革研究[J].高教学刊,2021,7(36):140-143.

[54] 房艳梅.公费师范生职业认同培养研究[J].教育理论与实践,2019,39(23):30-32.

[55] 王宏方,张志强.实习指导体系对师范生实习效能感影响的实证研究[J].教师教育学报,2020,7(4):58-64.

[56] 刘万强,王雯颖,张雪珠.师范生在教育实习中的角色定位及影响因素调查研究[J].当代教育理论与实践,2019,11(4):101-105.

[57] 姚崇,赵可欣,周晨琛,等.公费教育政策满意度对师范生教师职业认同感的影响—社会认知因素的影响[J].心理与行为研究,2020,18(2):241-

247.

[58] 吕立杰，刘新，王萍萍. 实习教师自我效能与职业认同的相关性研究[J]. 高教探索，2016(11):111-116.

[59] 杨芷英，韩小娟. 北京地区师范生心理资本水平及差异实证研究[J]. 中国青年社会科学，2017,36(6):53-58.

[60] 陈韶荣，吴庆松. 心理资本与高校青年教师职业认同的关系研究——论工作投入的中介作用[J]. 大学教育科学，2018(1):59-68.

[61] 莫书亮，陶莉莉，盛建森. 免费师范生的教师职业承诺与人格-职业匹配和心理契约破坏的关系[J]. 教育研究与实验，2014(5):90-96.

[62] 邵光华，陈丹妮，苗榕峰. 基于师范类专业认证标准的教育研习的科学理解及规范建设探索[J]. 教师教育研究，2023,35(05):105-113.

[63] 罗雪. 学前教育专业学生实习心理问题研究[J]. 教育观察，2022,11(03):107-111.

[64] HOFFMAN J V,MOSLEY WETZEL M,MALOCH B ,et al.What can we learn from studying the coaching interactions between cooperating teachers and preservice teachers?A literature review[J].Teaching and Teacher Education, 2015(55):99-112.

[65] SOLINGER O,HOFMANS J,BAL P M,et al.Bouncing back from psychological contract breach:How commitment recovers over time[J].Journal of Organizational Behavior, 2016, 37(4):494-514.

[66] COLES M E,RAVID A,GIBB B,et al.Adolescent mental health literacy: young people´s knowledge of depression and social anxiety disorder[J].Journal of Adolescent Health,2016,58(1):57-62.

[67] KESSLER R C,BERGLUND P,DEMLER O,et al.Lifetime prevalence and age-of-onset distributions of DSMIV disorders in the National Comorbidity Survey Replication[J].Archives of General Psychiatry, 2005,62(6):593-602.

[68] MAK W W S,CHONG E S K,WONG C C Y.Beyond attributions: under-

standing public stigma of mental illness with the common sense model[J].American Journal of Orthopsychiatry, 2014,84(2):173-181.

[69] LEEFERINK H,KOOPMAN M,BEIJAARD D,et al.Overarching professional identity themes in student teacher workplace learning[J].Teachers and Teaching Theory and Practice, 2019, 25(1):69.

[70] BUCHANAN J.Metaphors as two-way mirrors:Illuminating pre-service to in-service teacher identity development[J].Australian Journal of Teacher Education,2015,40(10):33-36.

[71] VOINEA R M,PALASAN T.Teachers' professional identity in the 21st century[J].Procedia-social and Behavioral Sciences, 2014(128):361-365.

[72] ZHANG Y,HAWK S T,ZHANG X H,et al.Chinese preservice teachers' professional identity links with education program performance:The roles of task value belief and learning motivations[J].Frontiers Psychology,2016,7:1-12.

图书在版编目（CIP）数据

高等师范学校心理育人研究 / 周芝萍著. -- 湘潭 : 湘潭大学出版社, 2024. 10. -- ISBN 978-7-5687-1574-4

Ⅰ. G444

中国国家版本馆 CIP 数据核字第 2024BA8307 号

高等师范学校心理育人研究

GAODENG SHIFAN XUEXIAO XINLI YUREN YANJIU

周芝萍 著

责任编辑：罗 联
封面设计：李 平
出版发行：湘潭大学出版社
社 址：湖南省湘潭大学工程训练大楼
电 话：0731-58298960 0731-58298966（传真）
邮 编：411105
网 址：http://press.xtu.edu.cn/
印 刷：长沙印通印刷有限公司
经 销：湖南省新华书店
开 本：710 mm×1000 mm 1/16
印 张：11
字 数：189 千字
版 次：2024 年 10 月第 1 版
印 次：2024 年 10 月第 1 次印刷
书 号：ISBN 978-7-5687-1574-4
定 价：60.00 元